Caos / Dramaturgia

Coleção Estudos
Dirigida por J. Guinsburg

Equipe de realização – Edição de texto: Marcio Honorio de Godoy; Revisão de provas: Lilian Miyoko Kumai; Sobrecapa: Sergio Kon; Produção: Ricardo Neves, Sergio Kon, Raquel Fernandes Abranches.

Rubens Rewald

CAOS / DRAMATURGIA

Dados Internacionais de Catalogação na Publicação (CIP)
(Câmara Brasileira do Livro)

Rewald, Rubens
Caos : dramaturgia / Rubens Rewald. – São Paulo : Perspectiva; Fapesp, 2005. – (Estudos ; 213)

Bibliografia.
ISBN 85-273-0724-3

1. 1. Caos - Teoria 2. Complexidade (Filosofia) 3. Crítica teatral 4. Dramaturgia 5. Teatro brasileiro - História e crítica I. Título.

05-3217   CDD-809.2

Índices para catálogo sistemático:

1. Peças teatrais : História e crítica   809.2
2. Teatro : História e crítica   809.2

Direitos reservados à
EDITORA PERSPECTIVA S.A.
Av. Brigadeiro Luís Antônio, 3025
01401-000 – São Paulo – SP – Brasil
Telefax: (0--11) 3885-8388
www.editoraperspectiva.com.br
2005

Agradecimentos

Não chegaria a lugar algum sem a colaboração preciosíssima de Jean-Claude Bernardet e Nelson Fiedler-Ferrara. Foi somente o rigor, o brilho intelectual e a disposição para a novidade característica destes dois pensadores e artistas que permitiram a concretização deste trabalho.

Outras interações fundamentais: Fapesp, Editora Perspectiva e J. Guinsburg, que acreditaram e bancaram a pesquisa.

Rossana Foglia, que no início de 1993 me mostrou o caminho, ao me dar uma cópia de um texto sobre Teoria do Caos, dizendo: "Acho que vai gostar disso. Tem a ver com você".

Adriano Cypriano, Dorothy Cross, Lilian Bites, Airton Renô, Laura Lucci, Clarissa Kiste, Álvaro Cueva, Ana Tabet, Ana Cabezas, Guilhermino Domiciano, Cristiane Paoli-Quito, César Gouvea, Daniela Schitini, Luciana Lopes, Simone Grande, Nando Bolognesi, Luciano Bortoluzzi e todos os colegas criadores de *Narraador, Do Gabinete de Joana* e *A Banda*.

Renata Pallottini e Lauro César Muniz, pela disposição em compartilhar.

Meus pais, sempre, pelo apoio incondicional.

Dona Wilma, professora do quarto ano primário, que fez a revisão deste texto e mostrou que será sempre a minha mestre.

Sumário

Prefácio – *Jean-Claude Bernardet* XI
Introdução XIII

PARTE I – CAOS/DRAMATURGIA
1. Smoking/No Smoking 3
2. O Autor Espectador 21
3. A Evolução Através da Memória 47
4. Teledramaturgia e Complexidade 85

Glossário 109
Bibliografia 111

PARTE II – TEXTOS DRAMÁTICOS
1. *Narraador* 115
2. *Do Gabinete de Joana* 155

Prefácio

Este ensaio é uma reflexão sobre a produção de textos dramáticos à luz de conceitos da teoria do caos e do pensamento da complexidade.

De que forma esta reflexão é inovadora?

Rubens Rewald elaborou seu texto ensaístico paralelamente à escrita de diversas peças de teatro. As peças passaram por um processo em que ele submetia uma primeira versão aos atores e à direção de um grupo teatral. A reação dos interlocutores, propondo, recusando, deslocando, sugerindo, desenvolvendo elementos às vezes apenas mencionados, levava o autor a retrabalhar o texto original a partir do material fornecido pela interlocução, aceitando ou recusando as propostas, e desenvolvendo sugestões. Uma nova versão era então proposta ao grupo, e assim por diante num processo que, em si, não tinha fim, e só se interrompia quando os intervenientes resolviam encerrá-lo.

Simultaneamente à elaboração textual, o dramaturgo refletia sobre o processo produtivo. Não se tratava da documentação de um espetáculo em fase de preparação, mas de uma reflexão teórica sobre um processo de criação. A simultaneidade permitiu que a evolução da escrita e a interlocução alimentassem constantemente a produção teórica, a qual, por sua vez, enriquecia e fazia evoluir a escrita. Isto levou à composição de conceitos significativos, como o de "autor-espectador".

O resultado não é, insisto, o diário de um dramaturgo, mas a teorização de uma prática, ambas tão mescladas que se pode falar também de uma prática da teorização, o que nos permite ter acesso ao processo de criação. Visto sob este ângulo, podemos considerar que o ensaio de Rewald ultrapassa seu âmbito temático, por trabalhar sobre uma fratura da cultura contemporânea que Edgar Morin caracteriza como "a disjunção entre um empirismo sem pensamento e um pensamento sem experiência".

Este texto é também relevante num momento de expansão considerável da crítica genética. Essa linha crítica não só deixou já há bastante tempo de se restringir ao estudo de manuscritos, como está deixando de pertencer exclusivamente aos especialistas. De fato, estratégias da crítica genética vêm sendo parcialmente adotadas por criadores, que as incorporam à própria produção artística.

Mas era necessário para tanto recorrer à teoria da complexidade?

É que a reflexão não se detém sobre um objeto fixo (quer seja a versão definitiva de uma peça teatral – e hoje podemos nos perguntar o que significa a expressão "versão definitiva"), mas sobre um processo em constante transformação. Daí a necessidade de pensá-lo como um sistema complexo, que se reorganiza à medida que vem sofrendo interferências e ruídos – aleatórios ou provocados. E é essa reorganização que poderá levá-lo, total ou parcialmente, por rumos imprevistos.

Caos / Dramaturgia não é um exercício de interdisciplinaridade entre física e dramaturgia. É um ensaio resultante de uma mudança de percepção do objeto analisado. Este, deixando de ser estável, solicita metodologias de análise e de compreensão que dêem conta de sua instabilidade. Metodologias essas que, por sua vez, à medida que organizam novos paradigmas, nos levam a procurar instabilidades e a perceber como instável o que até há pouco tempo percebíamos como estável. O ensaio de Rubens Rewald se insere num momento de profunda transformação da reflexão sobre a arte e a produção artística, bem como da relação entre reflexão e produção, contribuindo para essa transformação.

Jean-Claude Bernardet
Roteirista, ensaísta, crítico de cinema
e professor de Cinema da ECA-USP

Introdução

O MAPA DO PROCESSO

No ano de 1994, quando iniciei a pesquisa de mestrado na Escola de Comunicações e Artes da Universidade de São Paulo, apresentei em minha proposta de trabalho o termo "Processo de Experimentação Dramatúrgica". A natureza desse processo seria a produção sistemática de roteiros, sem a necessidade de finalizá-los. O que realmente interessaria era o processo de escrita e experimentação em termos de criação de personagens, situações dramáticas, espaços e tempos narrativos. Enfim, mais do que a concretização dos roteiros, buscava-se uma liberdade de manipulação dos mais variados elementos dramáticos. Vale ressaltar que os roteiros seriam escritos para o suporte cinematográfico, pois afinal cinema foi a minha formação na graduação, além de ser a área de atuação de meu orientador, Jean-Claude Bernardet.

O foco teórico da proposta de trabalho era estudar a teoria do caos e seus conceitos decorrentes (ordem, desordem, complexidade, ruído, entropia etc.), com o objetivo de aplicar tais conceitos no processo de experimentação dramatúrgica. Na época, a relação entre caos e dramaturgia era basicamente intuitiva, isto é, eu percebia um enorme potencial para a criação dramática decorrente do conceito de caos (dependência sensível às condições iniciais). Era fascinante pensar num roteiro altamente sensível a pequenos detalhes, ou seja, um pequeno movimento dramático revolucionando toda a estrutura.

Outros conceitos que me interessavam eram a imprevisibilidade e o acaso, acontecimentos fortuitos ou inesperados mudando radicalmente a trajetória de algum personagem ou da própria trama. Como construir os acasos dramaticamente? Como articular a imprevisibilidade dentro da trama? Como introduzir o caos dentro da história? Essas eram as questões mais prementes que se colocavam nesse primeiro momento da pesquisa. Num ponto, todas as questões convergiam: a relação entre os conceitos da física e a dramaturgia se daria no nível interno do roteiro, isto é, em sua diegese (espaço da fábula, da ficção). Nesse sentido, conceitos como caos, acaso, complexidade e outros, seriam agentes modificadores das tramas e personagens dos roteiros.

No entanto, em meados de 1994, uma flutuação provocou instabilidade na trajetória da pesquisa, abrindo novos caminhos: o convite, por parte de um grupo teatral de São Paulo, para ser o dramaturgo da peça *O Rei de Copas*, com previsão de estréia para o segundo semestre daquele ano. Não hesitei em aceitar, pois acreditava ser perfeitamente possível aliar a escrita da peça à pesquisa de mestrado, sendo que uma poderia, inclusive, alimentar a outra.

Na verdade, com o decorrer do trabalho, a criação da peça mostrou ser o verdadeiro Processo de Experimentação Dramatúrgica. Primeiro pela própria definição do mecanismo de trabalho, chamado de *work in process*[1], uma obra em constante processo de construção, na qual é rejeitado o rótulo de produto final. Além da nomenclatura, havia um outro fator primordial: todas as questões propostas no Processo de Experimentação Dramatúrgica poderiam ser perfeitamente trabalhadas dentro do processo de criação de *O Rei de Copas*. Poderia se exercitar, com total liberdade, a manipulação de diversos elementos dramáticos, pois, na medida em que não há um texto final definitivo, ele está sempre aberto a modificações e experimentações.

Essa liberdade tem um fator de restrição que é ao mesmo tempo fator de complexidade: a relação entre os agentes do processo. O dramaturgo não é artista soberano na construção da obra. Suas idéias e propostas têm que ser aceitas e discutidas pelo grupo. No entanto, é a partir de tais discussões que surgem novas idéias e material de trabalho para uma evolução da obra, o que caracteriza tal prática como um processo colaborativo.

Além disso, o *work in process* teatral permite que o dramaturgo veja cenicamente o resultado de sua escrita, e que, a partir daí, possa retrabalhar o texto. Essa possibilidade não existe no cinema, pois quando o roteirista assiste ao resultado de seu trabalho, a obra já está filmada, sendo muito difícil convencer o diretor ou o produtor que o

---

1. Embora a designação original seja *work in progress*, a utilização da expressão *work in process* é cada vez mais corrente, e a adotarei no livro por conter a idéia de processo, termo vital dentro dessa pesquisa.

filme necessita de uma reelaboração dramática e conseqüente refilmagem. Tal proposta seria economicamente inviável.

No entanto, há um pequeno número de diretores que promovem um tipo de processo colaborativo na construção de seus filmes. Nesse grupo, atualmente, destaca-se o nome do cineasta inglês Mike Leigh, diretor de diversas obras como *Life is Sweet (A Vida é Doce)*, *Secret and Lies (Segredos e Mentiras)*, *High Hopes*, *Naked (Nu)*, entre outras.

Mike Leigh nunca escreve um roteiro *a priori*. No máximo possui algumas idéias e sensações. É no decorrer do processo anterior à filmagem que é elaborado um roteiro, o qual muitas vezes nem é escrito, pois já está internalizado pelos atores e pela equipe. Basicamente, seu processo de trabalho consiste num extenso período de ensaios, em que as idéias principais de Leigh são discutidas, pesquisadas e improvisadas pelos atores. As futuras cenas do filme vão sendo elaboradas por Leigh nos próprios ensaios, a partir do material levantado pelos atores. Tudo é criado nesse momento, os diálogos, a movimentação e, inclusive, o subtexto dos personagens.

Mesmo não sendo um procedimento padrão na atividade audiovisual, a idéia de processo começa a contaminar a prática cinematográfica, principalmente se feito num período anterior à filmagem, como o realizado por Mike Leigh. Cada vez mais roteiristas e diretores trabalham com a noção de processo colaborativo na construção de suas obras. Um exemplo recente ocorreu na produção do filme *Cidade de Deus*, dirigido por Fernando Meirelles e Kátia Lund. O roteirista Bráulio Mantovanni fez uma primeira versão do roteiro a partir do livro homônimo de Paulo Lins. Essa primeira versão foi intensamente discutida e retrabalhada com Fernando Meirelles, dando origem a outras versões. A partir de um determinado momento, com o roteiro em mãos, Meirelles, juntamente com Fátima Toledo, responsável pelo treinamento dos atores (a grande maioria sem experiência prévia com cinema), começou uma fase de ensaios com esses atores. O roteirista passou a acompanhar os ensaios, sendo que muitas falas e ações improvisadas e criadas pelos atores nesse período foram assimiladas pelo roteirista em novas versões do roteiro. É importante frisar que tal procedimento não se limita a *Cidade de Deus*; vários filmes feitos hoje no Brasil têm a marca do processo colaborativo em sua história.

De qualquer modo, no âmbito teatral, principalmente em se tratando de um *work in process*, há um maior espaço de experimentação para a escrita dramática, principalmente devido ao caráter de obra mutante presente no teatro. A sua representação é viva, nunca se repete, e nem se imprime de maneira permanente em nenhum suporte (papel, película, CD). A cada nova apresentação, a obra é passível de mudanças, propostas ou acidentais, e nesse sentido é permitido ao dramaturgo, como ao diretor ou ao ator, experimentar sempre novas possibilidades.

Além disso, o processo colaborativo teatral se mostrou extremamente profícuo para o aprofundamento de diversos conceitos ligados à teoria do caos:

Dependência sensível às condições iniciais: uma pequena idéia sugerida por um elemento do grupo ou um pequeno movimento surgido em um exercício de improvisação pode suscitar no dramaturgo todo um manancial de novas idéias e possibilidades de desenvolvimento do texto.

Imprevisibilidade: nunca um ensaio é igual ao outro, assim como as apresentações. O dramaturgo tem que estar atento, pois do erro ou da improvisação podem surgir elementos dramáticos riquíssimos e passíveis de serem aproveitados na obra.

Complexidade: a obra é construída a partir das interações entre os membros do grupo, e está sempre em permanente evolução, continuamente se reprocessando e se auto-organizando.

Vale notar que os conceitos listados acima convergem para um ponto: a relação entre caos e dramaturgia passa a ocorrer no nível externo do texto, ou seja, no processo de construção desse texto. Nesse sentido, os conceitos deixam de ser trabalhados como elementos da diegese da obra e passam a ser estudados como instrumentos conceituais de construção, ou de criação. Enfim, na passagem da área cinematográfica para a área teatral, a pesquisa deixa de centrar a estrutura interna da obra, para se concentrar no processo de construção dessa obra.

É importante ressaltar que o *work in process* não constitui em si uma novidade em termos do fazer teatral. Há inúmeros diretores e grupos contemporâneos da cena teatral paulista como Antônio Araújo e o Teatro da Vertigem, José Celso Martinez e o Teatro Oficina, a Cia. do Latão, a Cia. do Feijão, entre outros, que constroem seus espetáculos a partir de um processo colaborativo. Não é, portanto, o objetivo desse texto descobrir um novo meio de se fazer teatro, e sim refletir sobre o potencial criativo inserido no trabalho do dramaturgo dentro desse tipo de processo.

Para tanto são utilizados conceitos da teoria do caos ou do pensamento da complexidade, como ferramentas de análise e de proposição no processo de construção de um espetáculo teatral, no sentido de compreendê-lo para situar melhor a ação do dramaturgo dentro dele.

Essa leitura não é a única possível para se compreender um *work in process*. Pode-se pensar em uma leitura psicanalítica, ou estruturalista, ou semiótica, enfim, há inúmeros caminhos possíveis para a construção da análise de um processo colaborativo. A leitura sob o prisma da teoria do caos e da complexidade não é hegemônica, mas foi aquela que mais apresentou possibilidades de reflexão e de evolução ao meu trabalho de dramaturgo.

Mesmo assim, apesar de ter afirmado que o objetivo da pesquisa não é descobrir um novo meio de se fazer teatro, acredito que uma leitura original possa levar a novas reflexões e questionamentos, propiciando, de um certo modo, o próprio desenvolvimento da cena teatral. Nesse sentido, a articulação entre teoria do caos e dramaturgia apresenta um enorme potencial de resultados práticos, e não somente um mero estudo teórico.

Para se compreender melhor o percurso dessa articulação, vale traçar um pequeno histórico de como se deu esse caminho. Em um primeiro momento, os conceitos da teoria do caos foram utilizados como ferramentas de "leitura", isto é, uma obra era analisada em função desse instrumental. Tais ferramentas se mostraram extremamente profícuas tanto na análise de obras cinematográficas, quanto na análise de processos teatrais. Nesse ponto já reside uma diferença fundamental no modo de abordagem aos dois diferentes suportes: enquanto no cinematográfico analisava-se o produto final, no caso, o filme, no teatral interessava não somente o produto final, o espetáculo, mas também o caminho para atingi-lo.

Na verdade, o processo de realização de um filme também apresenta um grande potencial de análise sob a luz dos conceitos da teoria do caos e da complexidade, pois com certeza é passível de flutuações, ruídos, dependência sensível às condições iniciais e vários outros conceitos. Porém, volto a frisar, a diferença fundamental está na cristalização do produto final, o que não ocorre no teatro.

De qualquer modo, como se tratava de um universo mais familiar à minha formação, a análise de filmes foi o primeiro passo real em termos da construção de um pensamento que articulasse caos/complexidade e dramaturgia. Nesse primeiro momento, foram analisadas as estruturas dramáticas dos filmes *Smoking* e *No Smoking*, de Alain Resnais. A escolha dessa(s) obra(s) não foi de modo algum aleatória, já que traz em seu(s) corpo(s) questões fundamentais (para a pesquisa) como o acaso, as bifurcações e a dependência sensível.

Em um segundo momento, o foco central da pesquisa passa do cinema para o teatro, mais precisamente, para o *work in process* teatral. A partir dessa mudança, foi possível aprofundar a pesquisa, no sentido de abranger não só a análise da obra, mas também a análise da construção dessa obra.

Nesse sentido, foram analisados os processos de construção de duas peças: *A Banda* e *Narraador*, ambas de minha autoria. As análises não só aprofundaram sobremaneira o diálogo entre caos/complexidade e dramaturgia, como também permitiram uma pequena reflexão sobre o papel criativo do dramaturgo na cena teatral contemporânea.

Finalmente, chegamos a um terceiro momento, quando, ao invés de se utilizar os conceitos da teoria do caos e da complexidade como ferramentas de "leitura" ou análise, passa-se a utilizá-los como ferramentas de proposição, ou seja, de "escrita". Nesse sentido, um processo de construção de uma peça foi concebido e elaborado a partir desses conceitos. A peça é *Do Gabinete de Joana*. Sua construção dramática se utilizou de diversos elementos conceituais da teoria do caos e do pensamento da complexidade.

Portanto, os conceitos da física não mais atuam somente como instrumentos de compreensão e reflexão, mas também como instrumentos de criação e invenção. A reflexão teórica deixa de ser posterior, e passa a ser anterior, ou então, simultânea à escrita.

Vale ressaltar que o diálogo aqui proposto entre esses dois campos distintos do conhecimento (no caso, teoria do caos/complexidade e dramaturgia) requer um partido específico, uma abordagem precisa, para se evitar um texto repleto de generalidades, onde não se aprofundam questões em nenhum dos dois campos. Nesse sentido, optei por utilizar os conceitos ligados à teoria do caos e ao pensamento da complexidade como metáforas para o estudo da dramaturgia.

Por exemplo, ao denominar o problema na voz de uma atriz como um ruído, ou então um *workshop* como uma flutuação, ou mesmo o quarto tratamento de um texto teatral como um anel retroativo, efetuei o transporte de um contexto a outro, aproximando dois termos distintos (problema na voz/ruído, *workshop*/flutuação, texto/anel retroativo), e contextualizando-os num mesmo domínio.

A manipulação desses conceitos cria um amplo caminho para a reflexão e elaboração de um texto teatral; termos como acaso, desordem, ruídos, bifurcações, entre outros, propõem novas percepções para a escrita dramática. No entanto, tais conceitos não são aprofundados em todas as suas dimensões, sendo que somente alguns de seus aspectos interessam à pesquisa. Dessa forma, pode-se dizer que o transporte é apenas parcial.

De um certo modo, esse procedimento é semelhante ao efetuado por Bakhtin na utilização do termo *cronotopo*. Ele importa o termo da teoria da relatividade de Einstein, e o utiliza como uma categoria de análise literária, referindo-se à interligação fundamental de relações temporais e espaciais na literatura. Bakhtin ressalta que o transporte do termo da física para a literatura se dá *quase* como uma metáfora (quase, mas não totalmente), já que não importa para a literatura o sentido específico de *cronotopo* dentro da teoria da relatividade, mas somente a sua expressão de indissolubilidade de espaço e de tempo[2]. Portanto, o *cronotopo* na literatura é diferente do *cronotopo* na física, o que parcializa a dimensão do transporte ocorrido.

Analogamente, no caso dessa pesquisa, foi efetuada uma filtragem nos conceitos de caos/complexidade, em termos de sua potencialidade de proposição à análise e criação dramática. E nessa filtragem,

---

2. M. Bakhtin, *Questões de Literatura e de Estética (A Teoria do Romance)*, p. 211.

apenas alguns elementos desses conceitos foram transportados, parcializando, do mesmo modo, a dimensão da metáfora.

Além disso, ao se eleger a metáfora (parcial) como estratégia de abordagem, poderia se pensar que o transporte entre a teoria do caos/complexidade e a dramaturgia seria o ponto central da pesquisa. No entanto, é fundamental ressaltar que o objetivo nunca foi encontrar uma ponte entre esses dois campos. A ponte seria por demais tênue, dado que apenas uma ínfima porção de cada campo foi aqui estudada. Nesse sentido, a pesquisa não se configura de maneira alguma como uma tentativa de se estabelecer uma via de ligação entre a teoria do caos/complexidade e a dramaturgia; ao contrário, ela se articula a partir de sua própria insatisfação com os limites impostos por cada campo de conhecimento.

Desse modo, a pesquisa tenta moldar o seu próprio sistema de conhecimento, ao invés de se configurar como uma intersecção entre dois campos distintos. Para tanto, ela organiza um "contrabando" de conceitos desses campos na criação de um *novo sistema*, com seus códigos próprios para a utilização desses conceitos.

O uso de metáforas se configura como o modo que o "contrabando" de conceitos se articulou. No entanto, a partir do momento em que um novo sistema se forma, o termo metáfora perde um pouco o sentido, pois a reflexão deixa de envolver dramaturgia e teoria do caos, e passa a circunscrever o seu próprio domínio, no qual flutuações, ruídos, anéis retroativos, personagens, atores e ensaios passam a fazer todos parte de um mesmo contexto, sem a necessidade, portanto, de um transporte.

Em suma, o transporte ocorre num primeiro momento de formação desse novo sistema. Num segundo momento, de consolidação do sistema, termos da dramaturgia e da complexidade fazem parte de um mesmo domínio. Não há mais por que utilizar o termo transporte, ou então, metáfora.

Esse novo sistema não se insere, em sua totalidade, em nenhum dos campos originais, propiciando um questionamento da própria organização do saber, se a sua divisão em campos é suficiente para a reflexão contemporânea. Pois foi só a partir da constituição desse sistema que a pesquisa vislumbrou um maior arsenal de possibilidades criativas e reflexivas abertas ao dramaturgo em um processo de construção do texto dramático.

Enfim, a criação desse sistema e a sua não inserção dentro de uma divisão convencional de campos de conhecimento é o dado mais importante no tocante à natureza da pesquisa. Essa não inserção revela um desejo de descobrir novos caminhos, novas possibilidades para a criação dramática. Nesse sentido, teoria do caos/complexidade e dramaturgia deixam de dialogar como esferas distintas e passam a ser um só corpo, organizado por esse sistema. Bifurcação, auto-organização e espaço de indeterminação viram termos utilizáveis no âmbito teatral, assim como cena, estréia ou personagem. Não há mais a preocupação em se ater a conceitos rígidos. O que importa agora é a liberdade de criação que tal sistema possibilita ao dramaturgo.

Por fim, vale uma consideração acerca do corpo do livro, que na verdade é basicamente constituído pelo conteúdo levantado em minha pesquisa de mestrado.

Primeiro, há o espaço do cinema, por meio da análise do(s) filme(s) de Alain Resnais, *Smoking/No Smoking*. Na seqüência, há dois capítulos voltados ao teatro: um contendo a análise dos processos teatrais dos espetáculos *Narraador* e *A Banda*; e outro, contendo a análise da elaboração do processo de *Do Gabinete de Joana*. E então, privilegia-se a TV, através de uma entrevista, ou então um diálogo, com os autores Lauro César Muniz, Renata Pallottini e Jean-Claude Bernardet, onde discute-se livremente a relação dos conceitos da física abordados com a dramaturgia para TV, especialmente em telenovelas e minisséries. Segue-se um glossário, onde estão listados e conceituados os principais termos da teoria do caos e complexidade utilizados no decorrer do texto. E, fechando o livro, temos os textos teatrais de *Narraador* e *Do Gabinete de Joana*.

A idéia é criar um corpo estimulante à leitura, com o livre diálogo de diferentes suportes (cinema, teatro, TV) e abordagens, permitindo a coexistência pacífica, num mesmo livro, de textos ensaísticos, reflexivos, confessionais, dramáticos, orais e, até, jornalísticos.

Concluindo, esse livro não tem por objetivo apresentar um resultado final de uma pesquisa, mas mostrar exatamente como ela ocorreu, com todas as suas indagações e questões surgidas. Nesse caso, importa mais a história da pesquisa, seus caminhos, equívocos, descobertas e bifurcações, do que propriamente a sua conclusão. Portanto, evitei colocar um capítulo final conclusivo, como contraponto formal a essa Introdução, pois após o confrontamento com o texto, cada leitor pode alinhavar sua própria conclusão, construir seu próprio pensamento, sem a necessidade de um guia externo que aponte o que deve ser refletido. Enfim, o texto está aberto, vivo, como em um *work in process*, passível de transformações e de percepções originais por parte dos novos leitores.

**Parte I:
Caos / Dramaturgia**

1. Smoking / No Smoking

O FILME DE CAMINHOS QUE SE BIFURCAM

Em todas as ficções, cada vez que um homem se defronta com diversas alternativas, opta por uma e elimina as outras; na de Ts'ui Pen, opta por todas. Cria, assim, diversos futuros, diversos tempos, que também proliferam e se bifurcam[1].

No conto "O Jardim de Caminhos que se Bifurcam", Jorge Luís Borges narra a história do Dr. Yu Tsun, espião chinês a serviço da Alemanha durante a Primeira Guerra Mundial. Em meio a uma missão suicida, Tsun encontra o Sr. Albert, famoso sinólogo. Albert é um estudioso da obra de Ts'ui Pen, coincidentemente um antepassado de Tsun. Ts'ui Pen, um grande homem de seu tempo, havia abandonado a vida pública para se dedicar a seus dois grandes projetos: escrever um livro e construir um labirinto. O livro foi renegado por aqueles que o leram, tal o seu teor confuso e ilógico; já o labirinto nunca foi construído. Séculos depois, Albert, após cuidadosa pesquisa, descobre que o livro era o próprio labirinto. Nele, cada história permite inúmeros desenlaces.

Ts'ui Pen não acreditava num tempo uniforme, absoluto. Acreditava, sim, em infinitas séries de tempos, numa rede crescente e vertiginosa de tempos divergentes, convergentes e paralelos. Essa

[1]. J. L. Borges, *Ficções*, p. 79.

trama de tempos que se aproximam, se bifurcam, se cortam ou que secularmente se ignoram, abrange todas as possibilidades[2].

Esse conto, escrito em 1941, antecipa em quase trinta anos os estudos de bifurcações em sistemas dinâmicos (sistemas que evoluem em função do tempo). Uma bifurcação é um momento de decisão de um sistema, o momento vital em que o sistema decide o seu caminho. As bifurcações surgem como resultantes de instabilidades (internas ou externas) em sistemas longe do equilíbrio. As instabilidades tiram o sistema de seu percurso único e linear e abrem diversas possibilidades de evolução ao sistema, o qual tem que optar por uma delas. A bifurcação é o ponto crítico a partir do qual uma possibilidade é escolhida, enquanto as outras se perdem para sempre.

Nesse sentido, os pontos de bifurcação cristalizam a história real do sistema, entre todas as histórias possíveis. Tais pontos são os próprios sinais da evolução do sistema; uma evolução irreversível. A partir do momento em que o sistema opta por um caminho, os outros caminhos (apenas virtuais) não se concretizam, e, portanto, não se inscrevem na memória do sistema, o qual permanece em seu caminho escolhido até ser acometido por uma nova bifurcação, tendo que novamente optar por um caminho, e assim sucessivamente. Não há retorno. Os pontos de bifurcação constituem um mapa da irreversibilidade do tempo.

Borges, em seu "O Jardim de Caminhos que se Bifurcam", subverte essa ordem e propõe, ainda que no campo ficcional, um retorno no tempo. Assim, na obra de Ts'ui Pen, a trama, ao chegar a um momento de decisão (por exemplo, o herói mata ou não o inimigo) opta por um caminho e, no capítulo seguinte, ela volta ao ponto de bifurcação e toma um caminho diverso do capítulo anterior. A trama não possui apenas uma história, mas todas as histórias possíveis. Os caminhos não escolhidos não são apagados da memória do sistema, ao contrário, continuam vivos, esperando a sua vez de entrar no jogo arquitetado por Ts'ui Pen e concebido por Borges.

É um jogo semelhante a esse o proposto por Alain Resnais em seu(s) filme(s) *Smoking/No Smoking*. Baseado na peça teatral *Intimate Exchanges* de Alan Ayckbourn, *Smoking/No Smoking* acompanha as trajetórias dos habitantes de uma pequena cidade inglesa.

Logo no início do filme, as personagens são apresentadas uma a uma por um narrador. Irei reproduzir nessa análise a mesma estratégia de Resnais, fundamental no sentido de se acompanhar o jogo. É como em uma partida de futebol, em que primeiro é apresentada a escalação dos times, tanto para facilitar a tarefa do espectador em acompanhar a partida, como também para propiciar uma identificação emocional do público com os jogadores. Sendo assim, as principais personagens são:

---

2. J. L. Borges, *Idem, ibidem,* p. 82.

- Toby: Diretor da escola da cidade. Alcoólatra inveterado.
- Celia: Esposa de Toby. Tem um péssimo relacionamento com o marido.
- Miles: Professor da escola e amigo de Toby. Apaixonado por Celia.
- Rowena: Esposa de Miles, assumidamente infiel.
- Sylvie: Empregada na casa de Celia. Gosta de Lionel.
- Lionel: Solteirão, não tem profissão fixa. Vive de quebra-galhos.

Há ainda outras personagens, porém apenas incidentais. As seis personagens acima são o centro nervoso da trama.

Assim como em "O Jardim de Caminhos que se Bifurcam", a mola mestra de *Smoking/No Smoking* é o tempo. E é através do tempo que tais personagens navegam e conduzem o jogo.

Tanto *Smoking* quanto *No Smoking* começam com a mesma cena: Celia faz uma arrumação na varanda de sua casa, quando vê um maço de cigarros sobre a mesa.

Nesse momento ocorre a primeira bifurcação da obra, a fundamental: ela fuma ou não fuma. Até então, os dois filmes são iguais, mas é nesse ponto de bifurcação que se engendram duas narrativas distintas. Recorrendo a mais uma definição da física, a bifurcação é o momento vital em que um pequeno elemento do sistema é amplificado de uma maneira que o sistema toma uma nova direção[3]. Portanto, essa pequena decisão, fumar ou não fumar, determina duas direções distintas à trama.

Em *Smoking*, Celia fuma e fica parada junto à mesa. Lionel entra na varanda, encontra Celia e os dois conversam acerca do jardim da casa. Em *No Smoking*, Celia deixa o cigarro de lado, anda em direção ao depósito, e encontra Miles entrando pela porta dos fundos. Os dois conversam sobre o alcoolismo de Toby. As duas trajetórias distintas vão divergindo progressivamente em função do tempo. Em *Smoking*, ocorre uma forte ligação entre Celia e Lionel. Em *No Smoking*, a ligação é entre Celia e Miles.

Vale ressaltar que essa estrutura pode ser caracterizada como caótica, ou seja, hipersensível às condições iniciais. Desse modo, uma pequena mudança nas condições iniciais da história (fumar ou não fumar) é ampliada exponencialmente em função do tempo, originando uma profunda divergência no desenrolar da trama.

Um dos principais responsáveis pelo comportamento caótico da estrutura narrativa é a instabilidade emocional das personagens. Celia e Toby estão em plena crise conjugal, assim como Miles e Rowena. Já Lionel e Sylvie estão numa fase de decisão no relacionamento; ou ele se aprofunda, ou se desfaz. Portanto são seis personagens absoluta-

---

3. J. Briggs & D. Peat, *Turbulent Mirror*, p. 143.

mente longe do equilíbrio, totalmente vulneráveis e sensíveis a pequenos detalhes (uma simples fala ou uma ação corriqueira) que vão surgindo ao longo da trama. Cada vez que, por algum pequeno detalhe, uma personagem toma ou se deixa tomar por um movimento drástico, a história irá para uma nova direção, fazendo com que as personagens trilhem novos caminhos.

Tomemos como exemplo a personagem Celia. A infelicidade conjugal a torna profundamente carente, sensível a qualquer aproximação de outro homem. Nesse sentido, em *Smoking*, devido ao pequeno detalhe do cigarro, ela se encontra com Lionel e, a partir desse simples encontro, se apaixona pelo jardineiro. Já em *No Smoking*, o fato dela não fumar a faz se encontrar com Miles e, conseqüentemente, se apaixonar por ele. Portanto, a instabilidade emocional de Celia faz com que a história tome direções distintas, influindo na trajetória de todas as personagens. Assim, em *Smoking*, não só Celia se apaixona por Lionel, mas também ocorre o recíproco. Já em *No Smoking*, Celia se apaixona por Miles, Miles por Celia, e Lionel nem se interessa, e nem se dá conta disso, afinal ele é apenas o jardineiro da casa.

Após essa primeira decisão, fumar ou não fumar, a história prossegue até ser interrompida por uma elipse, na qual lê-se uma legenda: "cinco" dias depois. Desenrola-se a história até uma nova elipse, "cinco" semanas depois. Novo desenvolvimento e nova elipse, "cinco" anos depois, quando ocorre o desenlace da história. Fim de jogo?

Absolutamente, pois após o término da história, entra em cena o principal dispositivo temporal do jogo de Resnais: a legenda, "ou então". Tal dispositivo remete a história a um momento passado, no qual é proposta uma variante de desenvolvimento. Por exemplo, em uma cena, Celia tem um ataque de nervos. Miles, para controlá-la, a enrola numa enorme toalha de mesa e depois sai, para buscar ajuda. Nesse instante, Toby chega e, arrependido, promete a Celia cuidar dela. A partir daí, a história desenvolve-se em uma direção e tem um determinado desenlace. Por meio do dispositivo "ou então", após esse desenlace, a história retorna à cena do ataque de nervos, e enquanto Miles sai para buscar ajuda, é Lionel, e não Toby, quem primeiro encontra Celia nesse estado. Essa pequena diferença é amplificada pelo tempo, propiciando um desenlace totalmente diverso do anterior.

Portanto, em *Smoking/No Smoking*, há uma seta do tempo indicando o futuro, representada pelo número "cinco": cinco dias, cinco semanas e cinco anos depois. No entanto, o dispositivo "ou então" rompe essa seta e faz a história retornar ao passado. É esse deslocamento temporal para o passado que propicia ao espectador acompanhar os diferentes caminhos de uma bifurcação, ao invés de se priorizar apenas um, como acontece com os sistemas físicos.

De um certo modo, a nossa percepção de mundo é muito próxima da proposta pelo filme de Resnais. A todo momento estamos conjeturando sobre o nosso passado: "e se eu tivesse feito isso, e se eu a tivesse encontrado aquele dia, e se o Zico não tivesse perdido aquele pênalti, e se eu tivesse aceitado aquele emprego, como seria hoje a minha vida, será que as coisas estariam diferentes?".

A todo momento construímos bifurcações imaginárias, propondo diferentes desenvolvimentos para a nossa vida; queremos mudar o nosso passado, como a melhor forma de alterar o presente, quase sempre insatisfatório. *Smoking/No Smoking* concretiza esse desejo de um novo passado, articulando novos caminhos, novas possibilidades e oportunidades, escapando da trajetória única que vai sendo construída irreversivelmente pela narrativa da vida.

Essa fuga da trajetória única e irreversível permite ao filme que, a partir de uma raiz comum – Celia fazendo a arrumação da varanda – sejam propostos doze diferentes caminhos (seis em *Smoking* e seis em *No Smoking*), com respectivamente doze desenlaces totalmente divergentes um do outro, cinco anos depois.

É interessante notar que entre as doze histórias, duas recebem um tratamento dramático diferenciado. Trata-se da primeira história de *Smoking* e da primeira de *No Smoking*. A diferenciação se estabelece a partir da duração: a primeira história perfaz quase quarenta por cento do tempo de duração de *Smoking*, sendo muito mais extensa que as outras. Na verdade, a primeira história tem uma importância estratégica vital, por várias razões:

– Ela apresenta a trama ao espectador, e portanto, não pode correr o risco de ser superficial, pois é a profundidade dessa primeira história que garante a credibilidade das outras;

– Ela é a própria espinha dorsal do filme, pois é a partir dela que a primeira bifurcação será traçada (além de outras eventuais), servindo como base para o nascimento das outras histórias;

– Ela serve não só como base, mas também como referencial. Pelo fato de estar desenvolvida de uma maneira extensa e linear, é a que mais fortemente se imprime junto ao espectador, que de um certo modo a utiliza como padrão de comparação com as outras histórias, principalmente em termos de desenlace das personagens.

De qualquer modo, apesar da preponderância dramática das duas histórias iniciais, são desenvolvidas doze histórias ao total, estruturando, dessa forma, o jogo de variações sobre o mesmo tema por meio do qual é construído o filme. Nesse sentido, dois pontos merecem ser ressaltados:

A opção de Resnais em filmar em estúdio. Tal escolha se insere perfeitamente dentro do jogo de variações, pois a partir de uma raiz comum – o mesmo estúdio – são construídas oito locações diferentes. Além disso, o estúdio remete ao universo teatral, de onde a obra foi extraída.

Todas as personagens do filme são interpretadas por somente dois atores. As personagens femininas por Sabine Azéma e as masculinas por Pierre Arditi. Essa opção também se insere dentro do jogo de variações, já que a partir de uma raiz comum – a mesma atriz – são delineadas cinco personagens distintas, e, no caso do ator, quatro. Nesse sentido, há sempre duas personagens em cena, nunca mais do que isso, porém as possibilidades são inúmeras, pois tais personagens circulam incessantemente. Em cada história, uma personagem feminina é passível de se relacionar com uma personagem masculina diferente, de acordo com o caminho tomado pela história.

Assim, uma cena propicia doze histórias; um estúdio, oito locações; uma atriz, cinco personagens; e um ator, quatro. Resnais manipula ao extremo o jogo de variações sobre o mesmo tema, criando uma rede complexa de histórias reais... e virtuais.

Reais no universo diegético da obra, ou seja, essas histórias realmente ocorrem dentro da ficção. E, no mesmo sentido, há inúmeras histórias virtuais, isto é, que não ocorrem. Estas estão apenas mencionadas dentro dos diálogos das personagens.

Por exemplo, em uma das histórias de *No Smoking*, Celia e Miles discorrem sobre um possível relacionamento entre eles. Esse relacionamento não se concretiza em nenhuma das histórias bifurcadas, porém ele está presente como mais uma possibilidade de desdobramento. O mesmo ocorre, em *Smoking*, entre Celia e Lionel. Eles também discutem a viabilidade de ficarem juntos, o que também não ocorre em nenhum dos desenlaces.

Nesse sentido, além das doze histórias, há outras que surgem como possibilidades não concretizadas, porém presentes no corpo da obra, a qual não se limita apenas a desenvolver histórias, mas também a indicar outras tantas possíveis. Esse dispositivo aumenta consideravelmente o número de bifurcações pelo qual trespassa a obra, afinal, em diversos momentos as personagens deixam transparecer algum desejo ou especulação sobre o futuro, multiplicando o universo das possíveis histórias originadas a partir de um tronco comum, ou seja, Celia arrumando a varanda.

O filme, de um certo modo, permite uma reflexão sobre a infinitude de possibilidades dramáticas dentro de uma história. Qualquer história, da mais simples à mais intrincada, é como uma reta constituída por infinitos pontos. Cada um desses pontos é um ponto de bifurcação em potencial. Não há limite para o número de desenvolvimentos que uma história pode proporcionar.

No entanto, dentro desse espectro infinito de possibilidades se encontra a própria finitude da obra narrativa. Decisões têm que ser tomadas, a reta tem que ser traçada. Enfim, uma história é sempre *um* desenvolvimento, dentre inúmeros possíveis.

Em *Smoking/No Smoking* há como que uma transparência dessa questão. Primeiro, porque não há apenas uma história, mas doze, ou seja, por onze vezes pontos de bifurcações foram acionados. Além disso, por todo o filme, há um sem número de momentos em que a obra aponta, "olha, aqui poderia haver uma bifurcação", porém ela só indica e não a desenvolve. Cria-se, nesse sentido, a percepção de um "*off* da ficção"[4], um espaço dramático não desenvolvido dentro da diegese, porém presente como um halo ao redor dos limites narrativos da obra.

Informalmente, qualquer espectador de um filme se refere a esse *off* da ficção, quando emite comentários do tipo: "Eu acho que ele não deveria morrer no final", ou então "Seria muito melhor se eles terminassem juntos" ou mesmo "Naquele momento ele deveria ter contado tudo a ela", e assim por diante. Em todos os comentários acima, o *off* da ficção é acionado e variantes à narrativa desenvolvida são apresentadas. A todo momento o espectador compara o filme assistido com o filme por ele desejado, e esse desejo se concretiza por meio de bifurcações imaginárias, delineando o *off* da ficção, que necessariamente se distancia da ficção. Afinal, cada bifurcação enseja uma história diferente.

Nesse sentido, uma das preciosidades de *Smoking/No Smoking* é a ausência de limites narrativos rígidos. Há uma suavização da fronteira entre a obrigatória finitude da obra ficcional e a infinitude de possibilidades de desenvolvimentos narrativos. Dessa forma, Resnais mais uma vez se aproxima de Ts'ui Pen, em seu desejo de contar uma história que apresente não só um desenvolvimento, mas todos os desenvolvimentos possíveis.

Por outro lado, apesar da variação de histórias que o filme enseja, as personagens são dotadas de extrema coerência, independente de suas trajetórias. Essa coerência pode ser considerada um fator de restrição ao jogo de variações e possibilidades proposto pelo filme. Portanto, às personagens não é permitido tudo. Elas possuem um caráter, uma psiquê, que vai transparecendo ao longo do filme. Cada nova história propicia à personagem enfrentar uma nova situação, e o comportamento da personagem, frente a tal situação, vai fortalecendo a sua moldura psicológica.

Desse modo, agindo como um fator de restrição, o caráter das personagens não permite uma variação ilimitada de desenlaces para as histórias, pois a narrativa respeita a natureza de cada personagem, ou melhor, articula-se a partir de tais naturezas. Esse é, talvez, o elemento dramático mais sofisticado do filme, pois constrói uma tensão constante entre um limite e um não-limite ao jogo de variações e possibilidades.

Tomemos como exemplo a personagem Celia. Numa das histórias, Toby lhe pergunta se ela está vivendo com Lionel, ao que ela

---

4. Conversa informal com Jean-Claude Bernardet.

responde prontamente, "evidente que não, você me conhece muito bem". Essa frase é emblemática em termos de construção dramática da obra. Celia possui uma história, um caráter, e, de certo modo, age em função disso. Analisando os doze desenlaces de Celia, em oito ela permanece casada (e infeliz) com Toby, em dois fica viúva e em dois se separa de Toby, porém permanece vivendo sozinha. Em nenhuma história, apesar do fracasso do casamento estar presente em todas, ela tem qualquer tipo de romance, seja com Miles, Lionel, ou outra pessoa fora desse círculo. Celia, como as outras personagens, possui alguns caminhos obrigatórios, os quais são respeitados pelo jogo de variações e possibilidades do filme.

Tais caminhos obrigatórios são, portanto, fator de restrição e também de aprofundamento. É esse fator que confere peso ao jogo, não permitindo que ele se transforme numa mera manipulação inócua de fatos e destinos.

Nesse sentido, é interessante notar que, após cada desenlace, as personagens em jogo têm a sua história aprofundada e enriquecida. Quando a narrativa, por meio do dispositivo "ou então", volta a um momento anterior, as personagens estão dramaticamente mais fortes, pelo fato de já terem vivido outras experiências, embora elas não tenham consciência desse fato. É como se cada diferente desenlace, ou seja, cada diferente futuro, fortalecesse o passado das personagens. Afinal, as doze histórias tiveram um tronco (passado) comum; cada uma é como um novo galho que só poderia ser originário desse tronco, e que, portanto, ajuda a compreendê-lo.

Para ilustrar melhor esse raciocínio, tomemos agora como exemplo a personagem Miles. Numa das histórias de *No Smoking*, Miles, totalmente insatisfeito com seu casamento, larga esposa e filhos e resolve sair da cidade. Após cinco anos ele volta, solitário e arrependido, disposto a viver novamente com Rowena, que não o aceita, frustrando-o. Quando a história retorna a um momento passado, Miles não larga a família, continua com eles, e cinco anos depois, ele permanece infeliz, sempre discutindo com Rowena. Nesse momento, o fracasso de Miles é amplificado por seu fracasso anterior, mesmo que ele não tenha vivido as duas experiências (ele vive uma ou a outra). Há uma sensação de que não importa o que fizer, ele estará fadado à infelicidade e, de um certo modo, a partir desse momento, todos os seus atos nas histórias seguintes são impregnados por essa sensação de impotência, de inevitabilidade.

É lógico que quem traça todas essas relações, quem percebe esse adensamento dramático é o espectador, participante essencial do jogo de Resnais. Em *Smoking/No Smoking* o espectador se coloca, aliado ao narrador, acima das personagens, numa posição privilegiada em termos de análise e leitura.

Nesse sentido, é fundamental discorrer sobre o papel do espectador. A questão que se coloca é: sua participação se limita a assistir, ou a ele é permitido jogar?

Para discorrer sobre essa questão, vale ressaltar um importante mecanismo do filme: o seu diálogo consigo mesmo. Por exemplo, numa das histórias, Sylvie lamenta não ter estudado; em outra, ela tem essa possibilidade. Numa outra história, Sylvie, no dia de seu casamento com Lionel, divaga sobre o que poderia ter acontecido se ela aceitasse o convite de Miles para viajarem juntos. Numa outra história ainda, ela aceita e viaja com ele – e mesmo assim, acaba se casando com Lionel. Há inúmeras situações como essas, ou seja, as personagens em uma história imaginam o que aconteceria se tal fato tivesse ocorrido, e de fato ele ocorre em outra história, porém só o espectador tem acesso às duas versões.

O espectador, a todo momento, é incitado pela narrativa a ligar as histórias, a tirar as suas conclusões, a refletir sobre as personagens. Pois as personagens, apesar de viverem doze histórias, na verdade, vivem uma de cada vez, e a elas não é permitido extrair experiências de uma história e utilizar em outra. Só ao espectador (e ao narrador, claro) é permitido isso.

No fundo, a trajetória das personagens respeita a irreversibilidade do tempo, a sua linha única. Elas não têm consciência do jogo de variações, são meros instrumentos. Para as personagens existe apenas uma história. Para o espectador há doze. O jogo existe em função do espectador, que pode construir quantas relações quiser, além daquelas já construídas pelo filme.

Sentado em sua poltrona da onisciência, o espectador tem acesso total ao conteúdo da obra. Ele é o único capaz de acompanhar o vai-e-vem do tempo, ao contrário das personagens, para as quais o acúmulo de histórias não é percebido. O filme, nesse sentido, funciona quase como um sistema que se organiza em função do observador (externo). Só ele, o observador, ou espectador, tem a possibilidade de compreender o sistema em sua totalidade, e desse modo, juntar, num corpo único, todas as doze histórias divergentes.

Essa divergência, no entanto, é quebrada num momento do filme, no qual surge uma convergência, ou então, um cruzamento de histórias. Isso ocorre na última história de *No Smoking*, que mostra a inauguração de um mausoléu para Miles, morto cinco anos antes. O mausoléu é um galpão, seguindo a vontade de Rowena, a viúva de Miles, que disse que o ex-marido tinha vivido momentos importantes da sua vida em um galpão. E realmente, no decorrer do filme, há diversas cenas marcantes de Miles em um galpão. Em uma das histórias, ele, apaixonado, agarra Celia dentro do galpão que servia de depósito no jardim da casa dela. Em outra história, ele próprio, deprimido, se tranca no mesmo depósito e lá fica por cinco semanas. Já em uma terceira história, Miles e Sylvie têm um pequeno interlúdio amoroso (frustrado) num galpão em uma montanha.

A questão é que as três histórias são distintas. Na história da montanha ele não agarra Celia e nem se tranca no depósito. São três trajetórias divergentes. Desse modo, como Rowena poderia saber da ligação afetiva de Miles com galpões?

Essa é a única história do filme em que uma personagem (Rowena), consciente ou inconscientemente, extrai informações de uma história e aplica em outra, quebrando a sua linearidade, e se colocando junto ao narrador e espectador. É interessante notar que isso ocorre somente na última história do segundo filme[5], quando o espectador, de um certo modo, já se perdeu no jogo de bifurcações e não tem mais muito controle sobre o quê de fato ocorreu em cada história. De fato, só percebi o cruzamento das histórias na segunda vez em que assisti ao filme, com olhos muito mais analíticos e atentos, pois na primeira vez o detalhe passou totalmente despercebido, como se realmente os momentos marcantes de Miles em um galpão fossem fatos de uma mesma história. Em conversas informais com outras pessoas que assistiram ao filme, nenhuma percebeu esse detalhe.

No texto de *Intimate Exchanges*, o mausoléu é primeiro visitado por Rowena, que inclusive o inaugura, e depois por Sylvie. Ver Rowena no galpão, falando de Miles, remete prontamente o espectador à história em que Miles se tranca no galpão devido à infelicidade no casamento com a própria Rowena. Já Sylvie remete o espectador à viagem de Miles com ela e o interlúdio frustrado no galpão da montanha. No final da cena, Toby pergunta a Sylvie se além dela e Rowena haveria outra mulher visitando o mausoléu. Sylvie responde que não. Os dois saem e termina a cena (e a peça). Já no filme, quando os dois saem, Celia chega, sem que eles a percebam. Ela não chega a entrar no mausoléu (o filme termina antes), mas só a imagem de sua chegada, indicando o seu desejo em homenagear a memória de Miles, já remete o espectador à história em que ela e Miles se agarram amorosamente no galpão de sua casa. Portanto, no filme, o cruzamento das histórias, nesse final, se dá de maneira mais sofisticada. Nele são articuladas as três personagens femininas em torno de Miles, enquanto na peça isso ocorre somente com duas personagens, Rowena e Sylvie.

De um certo modo, podemos divagar que Resnais utilizou-se de tal cruzamento no final do filme, para, de uma maneira muito sutil, revelar a dimensão do jogo temporal inscrito na obra. Há uma quebra da simetria tão cuidadosamente construída ao longo do filme,

---

5. Embora não haja uma ordem estabelecida, o título do filme coloca *Smoking* antes de *No Smoking*; além disso, *Intimate Exchanges*, a peça na qual o filme foi baseado, está dividida em dois volumes: volume I (que corresponde a *Smoking*) e volume II (que corresponde a *No Smoking*); portanto peça e filme indicam sim uma ordem de apresentação.

porém essa quebra, mais do que uma incoerência, na verdade abre novas perspectivas de leitura.

Encerrando o filme com uma convergência, Resnais propõe novas regras de última hora, admitindo também que se misturem histórias, o que multiplicaria o número possível de histórias originadas a partir de um mesmo tronco. Suaviza-se ainda mais a fronteira entre a finitude da(s) história(s) do filme e a infinitude das histórias possíveis. Ao espectador cabe transitar por essa fronteira.

Em suma, o filme ensaia uma abordagem interativa, em vários sentidos:

a) o espectador pode escolher a qual filme assistir primeiro, *Smoking* ou *No Smoking*, e, sem dúvida, a ordem dos filmes influencia a apreciação da obra. Diferentes relações vão sendo criadas pelo espectador, à medida que assiste histórias envolvendo Celia e Miles, o melhor amigo de seu marido, ou então envolvendo Celia e Lionel, o jardineiro de sua casa, que namora a empregada. São dois universos totalmente distintos que se afiguram ao espectador, dependendo de qual filme ele assistir primeiro.

b) As relações que só o espectador pode construir, pois somente ele tem acesso a todas as histórias, ao contrário das personagens. Desse modo, a leitura do filme ganha em complexidade, pois o seu universo não se constitui de apenas doze histórias, e sim, das histórias mais as relações existentes entre elas. Nesse sentido, uma história, em confronto com outras, é revestida de novos significados, o que não aconteceria se ela estivesse isolada. Portanto, é o espectador que confere essa complexidade ao filme, ao relacionar as histórias entre si, e, portanto, criar novos significados.

c) Além disso, há ainda as histórias não desenvolvidas, chamadas aqui de virtuais. Tais histórias estão implícitas, sugeridas, e cabe ao espectador, se assim o desejar, a tarefa de desenvolvê-las mentalmente, de acordo com a sua vontade. O filme indica vários caminhos, e só desenvolve alguns. Ele deixa os outros abertos à imaginação do espectador, que pode desenvolvê-los à sua maneira, sem a intermediação do filme.

d) O espectador pode, também, devido ao precedente aberto na cena do mausoléu-galpão, construir novas histórias, misturando passagens das doze já existentes. Amplia-se nesse sentido a possibilidade do espectador em manipular mais livremente as diversas peças que compõem o filme.

É importante frisar que essas características interativas se restringem unicamente à leitura da obra, já que o espectador não altera em nada o rumo da trama, totalmente fechada em sua estrutura narrativa. Nesse sentido, o jogo é de cartas marcadas, pois o espectador, por mais que possa criar diferentes significados para as cartas, não pode jamais mudá-las de posição. Portanto, em sua última instância, a obra não deixa de ser fechada, já que o mais criativo dos espectadores não pode alterá-la nem revertê-la.

O filme cinematográfico é um suporte essencialmente fechado, com raríssimos casos de experiências interativas. Entre elas, podemos citar a de William Castle, diretor e produtor americano de filmes B dos anos cinqüenta e sessenta, na qual o público, por meio de cartazes com o desenho de um dedo polegar, distribuídos no início da projeção, poderia escolher o final do filme *Mr. Sardonicus*, decidindo se o vilão deveria ou não morrer. Se a maioria dos cartazes levantados pelo público mostrasse o polegar para baixo, tal qual numa arena romana de leões e cristãos, o projecionista exibiria o rolo com a morte do vilão. Se o polegar para cima prevalecesse, o rolo exibido salvaria a vida do bandido[6].

Também não se pode esquecer das experiências com o programa televisivo *Você Decide*, exibido nos anos de 1990 pela Rede Globo, no qual o público, por meio de telefonemas, tinha o poder de decidir o final do programa, entre três possíveis.

Já em *Smoking/No Smoking*, Resnais simula tais dispositivos, porém, na verdade, o filme permite tanta interatividade ao público quanto *O Nascimento de uma Nação*. Ao espectador, é reservado o direito de assistir e, no máximo, imaginar. No entanto, jogar... ainda não é permitido. Nesse ponto as regras são bem claras.

Assim como Borges em seu "O Jardim de Caminhos que se Bifurcam", Resnais propõe um jogo absolutamente determinista a respeito do indeterminismo. As bifurcações existentes no filme não o colocam em um estado de instabilidade, a partir do qual ele pode seguir caminhos incertos. Tanto na obra de Borges quanto na de Resnais, não há espaço para o acaso, para a instabilidade, ou para diferentes ramificações do tempo, embora em termos de conteúdo, sejam esses os temas de ambas as obras. Porém, no tocante à construção formal, tanto "O Jardim de Caminhos que se Bifurcam" quanto *Smoking*, se prevalecem de uma estrutura fechada, estável e linear, aonde as bifurcações desestabilizam a ordem da fábula e não a ordem da obra.

Em nenhum momento o filme atravessa um período de instabilidade, em que surgiriam diversos caminhos possíveis à sua evolução. Ao contrário, o filme é construído de uma maneira precisa pelo autor e, depois de finalizado, permanece rígido, absolutamente intocável por qualquer tipo de flutuação interna ou externa. Não há bifurcações em sua natureza. O filme fala em bifurcações, porém não as vive de fato.

Já na peça, o texto permite ao encenador diversos caminhos possíveis. Diferentemente do filme, em que primeiro é contada uma his-

---

6. W. Castle. *Step Right Up!*, p. 164.

tória, para então a narrativa voltar a um momento anterior em que uma variante é apresentada e desenvolvida em outra história, no texto da peça as duas possibilidades são apresentadas juntas e cabe ao encenador optar por qual vai apresentar primeiro.

Por exemplo, em uma das histórias do filme, Sylvie aceita se casar com Lionel. A história prossegue e, após o desenlace, o filme retorna à decisão de Sylvie, que agora recusa, originando uma nova história, com um diferente desenlace. Já no texto da peça, a aceitação e a recusa de Sylvie estão na mesma página, precedidas por um *or* (ou) no caso do sim de Sylvie e por um *either* (ou então) no caso do não. Após o sim, o texto indica "vá para a pág. x", e após o não, "vá para a pág. y", tal qual um programa de computador dos mais elementares. É lógico que até existe uma ordem, o *or* vem antes do *either*, porém nada impede que o encenador inverta essa ordem.

Também deve ser levado em conta o fato de estarmos comparando um filme com um texto de uma peça, e não com a peça em si. Nesse sentido, é provável que a montagem final da peça também tenha um desenvolvimento linear, com uma história sucedendo a outra, assim como no filme, porém também pode ocorrer de o encenador optar por apresentar primeiro as duas alternativas (o sim e o não de Sylvie) e só depois desenvolvê-las, pois o texto assim o permite.

Outra diferença básica entre o texto da peça e o filme é em relação ao número de histórias. Enquanto o filme desenvolve doze, a peça apresenta dezesseis. Quatro histórias foram suprimidas no filme. E o mais interessante: em uma delas, Celia fica com Miles. Esse desenlace não ocorre em nenhuma das doze histórias do filme. Ou seja, Resnais suprimiu uma história que quebraria a coerência dramática de suas personagens.

Como já foi dito anteriormente, às personagens do filme não é permitido tudo; há certos caminhos obrigatórios pelos quais elas trilham, de acordo com suas molduras psicológicas construídas ao longo do filme. Para Celia, não há outro caminho senão a solidão ou a convivência infeliz com Toby, por mais que o destino trace bifurcações em sua trajetória. Tal característica confere sofisticação ao filme de Resnais, pois cria uma tensão constante entre o imprevisível e o inexorável. A inclusão da história do enlace entre Celia e Miles romperia esse desenho, assim como outra história suprimida, na qual Toby se separa de Celia e junta-se a Sylvie. Do mesmo modo que Celia, a Toby é permitido somente a solidão ou a infelicidade conjugal. Não faz parte de sua trajetória um romance com Sylvie, e portanto tal história não aparece no filme.

A opção de Resnais em limitar as possibilidades de desenlaces para as personagens é talvez o elemento dramático que mais distancie o filme da peça. O autor Ayckbourn, em sua estrutura, prefere jogar com o maior número de finais possíveis, embora, é importante ressaltar, independentemente do desenlace amoroso, seja de Celia com Toby ou mesmo de Celia com Miles, todos os envolvidos terminam infelizes, insatisfeitos com a atual situação, e desconfiados, ou absolutamente convictos, de que erraram em suas decisões. De uma certa maneira, Ayckbourn também enseja um desenho de caminhos inexoráveis. Não importa as suas trajetórias, o destino de todas as personagens é a infelicidade. Nesse sentido, filme e peça possuem uma premissa dramática muito semelhante.

De qualquer modo, *Smoking/No Smoking*, independente do grau de fidelidade ou distanciamento da peça em que foi baseado, ao propor uma discussão em torno das ramificações do tempo, torna-se uma obra que se insere perfeitamente dentro da filmografia de Resnais.

A questão do tempo é central na obra do diretor francês, assim como na do outro autor citado no início da análise, Jorge L. Borges. Filmes como *Hiroshima Mon Amour*, *O Ano Passado em Marienbad*, *Noite e Neblina*, *Meu Tio da América*, já trabalhavam de maneira visceral a idéia do tempo influenciando a narrativa, a memória, o imaginário. *Smoking/No Smoking* introduz na filmografia de Resnais novas questões ligadas ao tempo, ou seja, o seu deslocamento alternado entre futuro e passado e suas bifurcações.

Concluindo, o filme aponta para novos caminhos, pois em seu corpo estão presentes discussões absolutamente contemporâneas, como o acaso, a interatividade e a ordem por bifurcações. Essas discussões, no entanto, são articuladas de uma maneira clássica e determinista, e, nesse sentido, Resnais pode ser considerado um autor transicional (assim como Borges, segundo o crítico literário Thomas Weissert[7]), isto é, que promove a passagem de um cinema de autor, fechado e estável, para um cinema interativo, no qual a obra está sempre longe do equilíbrio, passível de constantes flutuações e bifurcações, de acordo com a parcela autoral do espectador. Em tal experiência se realiza a percepção clara de que o mundo é um nó de possibilidades, caminhos e trajetórias; e que a arte, mais do que tudo, tende a ampliar esse nó.

DIAGRAMAS

A peça contém dezesseis histórias. Na adaptação para o cinema, Resnais descartou quatro histórias. Como já foi dito, o volume I corresponde no filme a *Smoking* e o volume II a *No Smoking*.

---

7. T. Weissert. "Representation and Bifurcation: Borges's Garden of Chaos Dynamics", em Katherine Hayles (org.). *Chaos And Order*, p. 224.

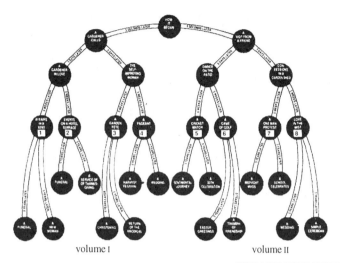

volume I   volume II

INTIMATE EXCHANGES

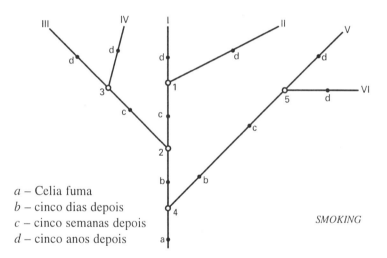

a – Celia fuma
b – cinco dias depois
c – cinco semanas depois
d – cinco anos depois

SMOKING

Desenlace da história I: Celia abalada emocionalmente e ainda casada com Toby. Lionel se torna um grande empresário.

Desenlace da história II: Celia divorcia-se de Toby e vira uma grande empresária. Lionel é o seu chofer particular.

Desenlace da história III: Celia fica viúva e sozinha. Lionel vira o coveiro da igreja.

Desenlace da história IV: Celia permanece casada e infeliz. Lionel vira um rico empresário.

Desenlace da história V: Sylvie casa-se com Lionel. Celia permanece casada.

Desenlace da história VI: Sylvie, solteira, torna-se uma jornalista. Celia e Toby permanecem casados e infelizes.

Ponto de Bifurcação 1: Celia tem uma crise nervosa. Em I, Toby a encontra primeiro. Em II, Lionel a encontra antes.
Ponto de Bifurcação 2: Celia e Toby saem para passear. Em I, Celia fala de seu desejo em montar um negócio. Em III, antes que ela fale, Toby propõe uma viagem.
Ponto de Bifurcação 3: Toby descobre que Lionel está no hotel. Em III, ele fica furioso. Em IV, recebe a notícia com frieza.
Ponto de Bifurcação 4: Sylvie convida Lionel para sair. Em I, ele recusa. Em V, ele aceita.
Ponto de Bifurcacão 5: Lionel propõe a Sylvie casamento. Em V, ela aceita. Em VI, ela recusa.

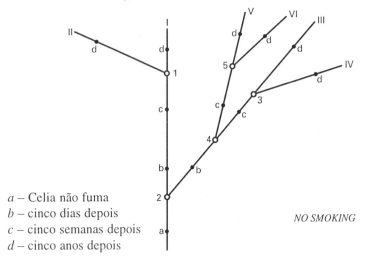

a – Celia não fuma
b – cinco dias depois
c – cinco semanas depois
d – cinco anos depois

Desenlace da história I: Celia viúva e sozinha. Miles vive na Austrália com Rowena e os filhos.
Desenlace da história II: Celia divorciada e sozinha. Miles, também divorciado, vive com Toby em Londres.
Desenlace da história III: Miles separa-se de Rowena, mas permanece insatisfeito. Sylvie casa-se com Lionel. Celia continua casada e infeliz.
Desenlace da história IV: Miles permanece casado e insatisfeito. Sylvie casa com Lionel.
Desenlace da história V: Sylvie casa com Lionel. Miles a acompanha ao altar, representando o falecido pai de Sylvie. Os dois continuam apaixonados um pelo outro.
Desenlace da história VI: Miles morre. Rowena, Sylvie (casada com Lionel) e Celia (casada com Toby) visitam seu mausoléu.

Ponto de Bifurcação 1: Miles e Rowena estão no campo de golfe. Em I, ela o incita a fazer sexo no campo mesmo. Em II, ela vai embora.
Ponto de Bifurcação 2: Miles fala com Sylvie. Em I, ele pede a ela que avise Celia e Toby que ele irá jantar no sábado. Em III, ele fala que irá defender o amigo Toby contra a acusação de alcoolismo.
Ponto de Bifurcação 3: Miles se tranca no depósito. Em III, ele sai e resolve abandonar a família e a cidade. Em IV, ele volta para casa.
Ponto de Bifurcação 4: Miles convida Sylvie para viajar com ele. Em III, ela não aceita. Em V, ela aceita.
Ponto de Bifurcação 5: Rowena busca Miles nas montanhas. Em V, ele volta com ela. Em VI, ele prefere voltar sozinho.

CONSIDERAÇÕES FINAIS

Tanto o diagrama de *Smoking* quanto o de *No Smoking* privilegiam a estrutura dramática da obra em termos de sua organização narrativa, isto é, como as bifurcações atuam dentro das diferentes histórias desenvolvidas.

Em ambos os diagramas, não é levado em conta a construção temporal do filme, mas das histórias. Tomemos como exemplo o diagrama de *Smoking*. O filme começa no ponto *a* da reta *I* (Celia fuma na varanda). O filme prossegue na reta *I*, passando pelos pontos *b*, *c* e *d* respectivamente. Após o fim da reta *I*, ou seja, da primeira história, o filme retorna a um momento anterior na própria reta, no ponto *1*, isto é, em sua primeira bifurcação.

Enfim, dentro dessa primeira história, realmente o ponto *1* vem antes do ponto *d*, porém, dentro do filme, o qual, como um sistema físico, possui uma linha do tempo irreversível, a primeira bifurcação aparece após o fim da primeira história. O diagrama é limitado no sentido de só reproduzir graficamente a estrutura temporal das histórias e não do filme.

Vale ressaltar que os pontos de bifurcações só aparecem após o final de cada história. Portanto, o ponto *1* surge após o desenlace da história *I*, o ponto *2* após o desenlace da história *II*, o ponto *3* após a história *III*, e assim por diante. Cada ponto de bifurcação corresponde ao dispositivo "ou então".

Comparando os diagramas do(s) filme(s) com o do texto da peça, notamos que a estrutura dramática da peça funciona como uma árvore de probabilidades, seguindo o dispositivo OR (ou) e EITHER (ou então), sempre em pares. Assim o momento *a* (Celia fuma) origina dois momentos *b* (cinco dias depois), que originam quatro momentos *c* (cinco semanas depois), que originam oito momentos *d* (cinco anos depois).

Há, portanto, uma progressão geométrica um, dois, quatro, oito, ou seja, sempre em um momento de decisão há duas alternativas possíveis, OR ou EITHER, e o encenador (no caso da montagem da peça) ou o leitor (no caso da leitura da mesma) podem optar por qual das alternativas seguir primeiro. Não há uma ordem *a priori*.

Já no filme, excetuando-se a primeira decisão, assistir primeiro a *Smoking* ou a *No Smoking*, o espectador não tem mais condições de optar por qual das histórias ele vai seguir, pois esta decisão já está imposta pelo filme.

Outra questão relevante é que com a eliminação de quatro histórias, o filme perdeu o caráter de progressão geométrica da peça. Seu desenho gráfico é muito mais irregular, pois as bifurcações não ocorrem simetricamente como na peça.

O filme respeita os mesmos pontos de bifurcação da peça. A adaptação é fiel, porém a ordem em que tais pontos são apresentados não segue nenhuma regra aparente. Por exemplo, em *Smoking*, o ponto de bifurcação *4* é apresentado perto do fim do filme. No entanto, como vemos no diagrama, este ponto encontra-se no início da primeira história. Já na peça, esta mesma bifurcação é apresentada perto do início do texto, logo após a decisão de Celia em fumar ou não fumar.

Por que Resnais constrói um desenho narrativo tão mais irregular que o delineado pela peça? Divagando, pode-se aliar esse desenho irregular a um desejo de Resnais em fazer o espectador se perder no tempo, em meio a tantas idas e vindas. Enquanto Ayckbourn convida o leitor a jogar e a controlar o tempo e a narrativa, colocando-o como o timoneiro da embarcação, Resnais, ao contrário, convida o espectador a navegar despreocupadamente, como um passageiro dessa viagem pelo tempo. Só assim, como um preguiçoso turista em uma gôndola, o espectador se dá ao luxo de se perder na narrativa, não saber mais que história está seguindo e, desse modo, não perceber o delicado cruzamento construído por Resnais ao final do filme.

Portanto, apesar de ambos possuírem um texto quase que idêntico (diálogos fiéis na adaptação), com exceção das quatro histórias suprimidas pelo filme, *Smoking/No Smoking* e *Intimate Exchanges* são duas obras absolutamente distintas entre si, não só em termos de construção dramática, mas principalmente em termos de leitura e apreciação do leitor/espectador em relação às obras.

Finalizando, é importante ressaltar que a comparação tem uma certa distorção, pois coloca o leitor – no caso, o encenador ou então um leitor do texto teatral – e não o espectador da peça, como referencial comparativo ao espectador do filme. Essa distorção só seria normalizada com o acesso ao roteiro do filme e a uma versão da peça encenada. Contudo, deixemos essa tarefa para um futuro próximo.

2. O Autor Espectador

ANÁLISE DOS PROCESSOS DE *NARRAADOR* E *A BANDA*

Em junho de 1996, iniciou-se um novo período de ensaios da peça *Narraador*, após uma temporada de dois meses no Teatro Paulista. Os novos ensaios visavam a reestréia da peça para o mês de agosto, em um novo espaço, em uma nova encenação (a peça deixaria o palco italiano e passaria a ser encenada em um galpão), com um novo elenco (dos cinco atores, quatro foram substituídos).

Logo no primeiro ensaio dessa nova fase, o diretor promoveu uma leitura do texto pelo novo elenco. Refez-se, assim, a trajetória anterior. No primeiro ensaio, visando a estréia no Teatro Paulista, em janeiro de 1996, também foi realizada uma leitura do texto. Naquele momento, o texto era a própria peça, ou seja, era a sua única representação concreta.

Passados cinco meses, que envolveram uma rotina de ensaios e uma pequena temporada, novamente o texto é tomado como ponto de partida, só que desta vez ele já não monopoliza o universo das representações possíveis da peça. A própria encenação do espetáculo no Teatro Paulista é um referencial muito forte para o diretor, o dramaturgo e a atriz que permaneceu no elenco, enfim, os que já conheciam a encenação. Para estes, a leitura dramática deixou clara a distinção entre esses dois corpos: o texto e a encenação.

Durante o período compreendido entre a leitura de janeiro, visando a estréia, e a leitura de junho, visando a reestréia, o texto foi sendo gradualmente modificado: diálogos alterados, algumas cenas suprimidas, outras acrescentadas. Tanto que, ao final da segunda leitura, ficou patente a defasagem do texto em relação ao atual texto da peça, isto é, o apresentado no último dia de temporada no Teatro Paulista. Essa defasagem dificultava extremamente o trabalho dos novos atores do elenco, que a todo momento faziam correções no texto, seguindo as orientações do diretor ("agora essa fala é assim", "essa cena não existe mais", "essa personagem não faz mais isso", etc). Nesse sentido, era fundamental a atualização do texto, levando em conta não só o seu atual estágio, após cinco meses de processo, mas também a possibilidade de se retrabalhar dramaticamente algumas cenas, as quais, de acordo com as observações do dramaturgo durante a temporada, ainda poderiam evoluir em sua dramaturgia.

Esta seria, na verdade, a quinta versão do texto. Entre a primeira versão e esta última, havia um processo que já durava dezesseis meses. Portanto, para se analisar a evolução do texto, da primeira à quinta versão, é fundamental a compreensão dos mecanismos desse processo, e como o dramaturgo se articula dentro de tais mecanismos.

O processo em questão é o da construção de um espetáculo teatral. É importante ressaltar que sua análise será feita a partir do prisma do dramaturgo, sendo portanto passível de distorções e impregnada da subjetividade própria de uma análise feita por um elemento interno ao objeto de estudo.

De início, considerarei o processo como de auto-organização a partir do "ruído" ou da "flutuação". Em que bases posso afirmar isso? O alimento vital do processo é a informação, seja escrita, verbal, visual ou sonora. É por meio da troca de informações que os diferentes profissionais (dramaturgo, diretor, atores, cenógrafo, figurinista, iluminador, sonoplasta, produtor) articulam o seu trabalho dentro da peça. Em tal fluxo de informações, a flutuação ou o ruído são fundamentais como forma de evolução, pois obriga o processo a se rearticular a partir dessa nova informação, criando novas possibilidades de resposta do processo (em termos de texto, encenação, interpretação). A ordem é perturbada pela desordem, originando discussões, reelaborações, equívocos, soluções e descobertas. Essa perturbação obriga o processo a se reorganizar num novo patamar.

A questão que se coloca é: o que pode ser considerado um ruído ou uma flutuação dentro do processo?

Ruído seria todo evento aleatório à história do processo, uma informação que *a priori* não faz parte do seu programa, sendo que sua ocorrência causará sempre um efeito imprevisível no processo. Sua principal característica é a novidade. O acaso, as informações mal transmitidas (ou mal compreendidas), os equívocos, os problemas de produção, tudo isso se constitui em ruídos do processo.

Na verdade, o ruído ocorre apenas no instante de sua incidência, pois num segundo momento ele é utilizado pelo processo como fator de organização, como informação passível de ser assimilada ou não pelo processo. Independente de tal assimilação, a partir do momento em que o ruído é integrado como fator de organização, ele torna-se evento da história e passa a fazer parte da memória do processo[1].

Já as flutuações não necessariamente são aleatórias ao processo. Ao contrário dos ruídos, elas podem ser provocadas pelo próprio processo, tirando-o do seu equilíbrio. Uma discussão entre o diretor e um ator pode ser uma flutuação, assim como a reação da platéia, ou então a crítica de um jornalista. Em todos esses casos, os eventos são provocados pelo próprio processo, não sendo portanto aleatórios. Uma flutuação pode ser um pequeno movimento que não afeta o processo como um todo, ou então, pode impregná-lo de tal forma que o tire do equilíbrio, originando uma crise, e obrigando-o a se rearticular em um novo estado de equilíbrio, diferente do anterior. Sendo assim, a flutuação imprime um movimento ao processo, impede a sua estagnação, gerando uma nova ordem. Nesse sentido, a sua ocorrência se assemelha a um ruído, já que ambos produzem novidade, inovação e evolução.

O dramaturgo, mais do que exercer a função de autor da obra, constitui-se como o intérprete textual das experiências vividas durante o processo. Os ruídos ou flutuações podem surgir a qualquer momento e cabe ao dramaturgo assimilá-los ou não no corpo dramático da peça. Para tanto, é fundamental um exercício de escuta incessante praticado pelo dramaturgo. Afinal, ele é a própria "antena" do processo.

Philippe Willemart, em seu livro sobre a criação literária, cita dois autores, Almuth Grésillon e Jean-Louis Lebrave, que definem o texto como um espaço "em que o autor-scriptor e o autor-leitor respondem-se em um canto constantemente alternado"[2].

Simplificando um pouco a questão, podemos considerar a existência de duas entidades distintas no autor durante a escrita de um texto: o autor-escritor e o autor-leitor. Uma entidade dialoga diretamente com a outra. O autor-escritor age, executa sua escrita e sai de cena para dar lugar ao autor-leitor; este se revela apreciando e criticando o trabalho do seu antecessor, o autor-escritor, o qual irá retrabalhar em sua escrita a partir das críticas do autor-leitor. É em função da relação entre essas duas entidades que se constitui o processo de escrita.

Já no processo aqui analisado, surge uma terceira entidade: o autor-espectador. Essa nova entidade vem à tona a partir das observações do dramaturgo ao longo dos ensaios e das apresentações. Nesse contexto, o dramaturgo tem uma nova possibilidade de "leitura"

---

1. H. Atlan. *Entre o Cristal e a Fumaça*, p. 51.
2. P. Willemart. *Universo da Criação Literária*, p. 67.

de sua escrita, além da anterior feita em gabinete. Pois a leitura praticada pelo autor-leitor é a de um texto escrito para ser encenado, enquanto que a outra, posterior, praticada pelo autor-espectador, é a do texto encenado após as mediações da direção e da interpretação.

O autor-espectador tem a possibilidade de criticar os seus "colegas" (escritor e leitor) e, em função de tais críticas, propor uma nova versão do texto. Na verdade, o autor-espectador não vislumbra apenas "defeitos" do texto, mas também novas idéias e possibilidades (geralmente advindas de um ruído ou flutuação) que podem ser incorporadas ao texto. Enfim, o autor-espectador permite ao dramaturgo escrever e reescrever a peça à medida que ela vai sendo construída como corpo presente, encenada.

Nesta análise da evolução dramatúrgica de *Narraador*, partirei das premissas discorridas acima, isto é, considerando-as como um processo de auto-organização a partir do ruído e da flutuação, no qual o dramaturgo, por meio de suas três entidades (autor-escritor, autor-leitor e autor-espectador) busca a permanente evolução do texto.

Narraador: *Um Estudo em Cinco Versões*

A idéia da criação de *Narraador* surgiu a partir de uma peça de Beckett, *Todos que Caem*, a qual assisti no final de 1994. A peça, originariamente radiofônica, foi adaptada para a encenação no palco. Assistindo ao espetáculo, comecei a pensar nas sensações do ouvinte de uma peça radiofônica, e como seria transpor tais sensações para personagens de uma peça teatral. Nessa corrente de pensamentos veio a idéia de uma personagem cega, para a qual o mundo é uma grande novela radiofônica, no máximo, interativa. Logo a seguir surgiu a personagem da narradora, a qual relataria os fatos para a cega. O jogo entre essas duas personagens permitiria a articulação de três instâncias distintas de ações no palco:

- o fato em si, a ação observada pelo espectador.
- o fato narrado, a ação filtrada pelo crivo da narradora, de acordo com a sua subjetividade e conveniência.
- o fato percebido pela cega, de acordo com a narração, os sons e outras informações processadas pela personagem, sem a mediação visual.

A articulação dessas três instâncias serviu como ponto de partida na elaboração das situações dramáticas que comporiam o texto. Organicamente a essa articulação, haveria no texto dois elementos que seriam fundamentais em seu ideário conceitual: interferências e ambigüidade. Assim, a todo momento, o desencadeamento da história seria interrompido por algum acontecimento fortuito (ruído?), que poderia ou não alterar o rumo da trama. Telefonemas, esbarrões, encontros inesperados, interrupções, enfim, todo um arsenal de interferências seria trabalhado pela dramaturgia. Além disso, era desejo do dramaturgo impregnar de ambigüidade as relações entre as personagens. Nada seria muito explícito. Quanto maior o número de possíveis significados para uma cena, melhor. A ambigüidade dialoga de maneira direta com a articulação das três diferentes instâncias de ação. Quanto mais ambígua uma ação, mais complexa se torna a sua narração (vivenciada pela narradora) e mais intrincada a sua percepção desprovida de visualidade (vivenciada pela cega). Todas essas questões articulavam uma diretriz dramática que moldaria a construção do texto da peça.

Seguindo essa diretriz, a primeira versão foi escrita em março de 1995. Chamava-se *Narra a Dor*. A peça começava com um desencontro de informações entre as personagens Pedro e João. Pedro deixa uma mensagem na secretária eletrônica de João dizendo que seu teste havia dado positivo. Logo após, ele deixa uma nova mensagem, entusiasmada, dizendo que o laboratório havia trocado os exames e que, na verdade, seu teste havia dado negativo. João chega em casa, ouve a primeira mensagem e, arrasado, desliga a secretária antes de ouvir a segunda. Nesse ínterim, recebe um telefonema de Luzia, chamando-o para uma entrevista de emprego, já naquele dia. Desempregado, ameaçado de despejo, João não pode recusar e, apesar do seu estado emocional, vai à entrevista. Chegando lá, não é contratado, e uma pesquisadora, Ana Cândida, pega a vaga. João vai embora, e a trama permanece com a cega Luzia, que incumbe Ana de seguir Cassio (sua grande paixão), afim de narrar-lhe tudo o que ele faz. As duas vão a um supermercado, depois a uma casa noturna, onde Cassio trava contato com Ana e a convida para jantar. Luzia obriga Ana a aceitar o convite, e os dois vão a um restaurante, onde Luzia controla tudo da cozinha. Depois, os dois vão ao apartamento de Cassio, onde ocorre a falha trágica. Acidentalmente, Ana mata Cassio durante a relação sexual. Ana volta à casa de Luzia e esconde o seu erro. Luzia desconfia de Ana e retorna com ela ao apartamento de Cassio. Lá, Ana engana Luzia, "lendo" um papel em branco como se fosse uma mensagem de Cassio, dizendo que ele havia partido. As duas saem, e Luzia, ainda desconfiando de Ana, dá a "mensagem" de Cassio para uma menina de rua ler. Ana afugenta a menina e ameaça abandonar Luzia, caso esta continue a desconfiar dela. Luzia, vencida, se deixa levar por Ana, e aos poucos começa a se afeiçoar a ela. Paralelamente, um policial investiga a morte de Cassio, interrogando a amiga de Cassio que estava com ele no supermercado e o barman da casa noturna. As pistas levam a Ana, que é presa no final, deixando Luzia sem saber de nada e, agora, mais sozinha do que nunca, sem Cassio, nem Ana.

A peça apresenta cinco personagens:

Ana
Luzia
Cassio
Ele (João, Pedro, Barman, Garçom, Policial e outros)
Ela (Amiga de Cassio, Cozinheira, Menina de rua e outras)

Essas mesmas cinco personagens irão permanecer até a última versão. As únicas mudanças ocorrem nos papéis interpretados por Ele e Ela. Em cada nova versão, alguns serão suprimidos e outros acrescentados. Ele e Ela representam dramaticamente as interferências previstas na diretriz dramática da peça. A todo momento essas personagens secundárias interferem na ação principal, movida por Cassio, Ana e Luzia, tornando-a cada vez mais intrincada. Tais interferências tentam dialogar com a experiência urbana, repleta de interrupções, barulhos, falta de clareza e excesso de pessoas e informações.

O texto dessa primeira versão foi dado a algumas pessoas ligadas à área teatral, que o leram e comentaram. Duas críticas foram recorrentes:

a) A cena inicial entre João e Pedro é simplesmente abandonada. Isso causa uma frustração no leitor.
b) A trama policial banaliza a força dramática do texto.

Os comentários críticos dos leitores podem ser considerados flutuações, pois não são aleatórios, já que foram originados a partir da leitura do texto que, nesse momento, é a única representação existente do processo. Portanto, toda crítica ao texto era relevante ao processo, e passível de tirá-lo de seu estado de equilíbrio. O acúmulo de críticas (flutuações) gerou uma pequena crise e, após diversas leituras do texto – é o grande momento de ação do autor-leitor – escrevi uma segunda versão em maio de 1995, recolocando o processo num novo estado de equilíbrio, ou então, num novo patamar de evolução.

Nessa segunda versão, a principal alteração foi a supressão da trama policial, eliminando o paralelismo entre a trajetória das duas e a do policial. Assim, no final, Ana, atormentada pela situação (assassinato de Cassio e aproximação afetiva de Luzia), decide se entregar espontaneamente à Justiça, abandonando do mesmo modo Luzia, sozinha e sem ciência de nada. Essa alteração foi claramente influenciada pelos comentários críticos. Nesse sentido, o dramaturgo assimilou as flutuações ocorridas, as quais passaram a ser parte integrante da história do processo.

Já um outro fato, este claramente um ruído, influenciou a construção dramática da segunda versão. Nessa época eu freqüentava um curso ministrado na PUC intitulado "Poéticas e Paradoxos da Leitura". O curso trabalhava basicamente a noção de paradoxo e como ela dialoga com a obra de Jorge L. Borges e Ítalo Calvino. Durante o curso, diversos paradoxos foram abordados, tais como contínuo/descontínuo, ordem/desordem, simples/complexo, reversível/irreversível, previsível/imprevisível, entre outros. O acúmulo de informações (que não tem nenhuma relação lógica com a história do processo, sendo portanto aleatório, caracterizando-se assim como ruído) inspirou uma nova relação entre Cassio e Luzia.

Nesse segundo tratamento, Luzia sabe tudo acerca de Cassio, o que ele pensa e como irá agir em qualquer situação. Tal caráter de previsibilidade aprofundou a dimensão dramática das personagens, em vários sentidos. Cassio, atormentado com a sua transparência frente a Luzia, passa a ter uma razão forte para se manter afastado dela, o que propicia o jogo de perseguição e narração entre Luzia, Cassio e Ana. Já Luzia ganha mais um dado de processamento em sua percepção da realidade. Agora, além da narração, das informações sonoras e sensitivas, há a sua certeza das ações e reações de Cassio. Além disso, a personagem de Ana ganha um novo sentido, passando a representar o caráter imprevisível que se instaura no sistema Cassio-Luzia, regido pela previsibilidade.

Em junho do mesmo ano, o processo, que até então contava com apenas um integrante, no caso, o dramaturgo, incorporou um novo elemento fundamental: o diretor, Adriano Cypriano, que leu apenas a segunda versão. A sua entrada, motivada por um convite do dramaturgo, propiciou inúmeras discussões sobre o texto, e sobre o ideário contido no texto. As personagens, as relações urbanas, a diretriz dramática baseada nas interferências e ambigüidades, as possibilidades de encenação, enfim, um manancial de idéias e informações foram levantadas nesse primeiro diálogo travado entre o diretor e o dramaturgo. Entre os comentários do diretor acerca da dramaturgia, três questões merecem destaque:

a) Novamente a polêmica do descolamento da história entre Pedro e João com a de Ana e Luzia. Ele propôs a mera supressão da trama dos dois, alegando que não aprofundava em nada a verdadeira trama da peça (centrada na cega e na narradora), ao contrário, a expectativa da volta dessa primeira história, que não acontecia, enfraquecia a leitura da segunda história.
b) A não diferenciação dramática entre Ana e Luzia. O modo de falar das duas era muito semelhante; não havia uma polaridade entre elas.
c) O tempo diegético da peça foi o aspecto que mais o fascinou no texto. Aparentemente toda a história se passa no decorrer de

uma noite, mas o acúmulo de ambientes, peripécias e inversões dramáticas dão a impressão de um período muito maior. Há como que um jogo de compressão e expansão do tempo que perpassa toda a peça. O tempo, como fator de transformação, iria ser o ponto de partida na abordagem do texto pela direção.

Pode-se dizer que a entrada do diretor foi uma flutuação que desestabilizou completamente a ordem até então vigente, forçando uma reorganização do processo em um novo patamar. A reorganização se deu na construção da terceira versão do texto, escrita em agosto de 1995, a partir das discussões entre dramaturgo e diretor. Talvez essa versão tenha sido a mais importante de todas em termos de evolução e repercussão no processo. Até o título foi alterado. De *Narra a Dor*, passou a chamar-se *Narraador*, título que iria permanecer.

Várias foram as mudanças propostas nessa versão. Primeiro, a trama envolvendo Pedro e João não mais desaparece simplesmente, mas se desdobra, entrelaçando-se, em alguns momentos pontuais, à história de Ana e Luzia. A idéia original, no primeiro tratamento, era fazer um prólogo, utilizando a história dos desencontros de telefonemas. A principal razão dramática para a existência deste prólogo era não começar a história diretamente com Luzia ou Ana, e sim introduzir as duas ao longo da trama, para então tomarem conta dos acontecimentos. Uma estrutura semelhante às caixinhas chinesas: dentro de uma sai uma outra totalmente independente da primeira. Porém, o acúmulo de comentários críticos a esse prólogo provocou um desequilíbrio no processo, cujo efeito foi a reestruturação da trama.

Agora, em vez de prólogo, a trama de João e Pedro funciona como uma história paralela, que influi na trama principal de Ana e Luzia. A influência se revela principalmente na cena em que Ana e Luzia voltam ao apartamento de Cassio, após a morte deste. João, ainda à procura de Pedro, também vai ao apartamento de Cassio – aparentemente eram amigos. Coincidência? Acaso? De qualquer modo, no apartamento ele encontra Luzia e a reconhece da entrevista do emprego. Vê Cassio morto, e imagina que a responsável tenha sido Luzia. Com ódio (tanto pela morte de Cassio como pelo modo ríspido como ela o tratou na entrevista) e descontrolado emocionalmente (pelo telefonema de Pedro), João ataca Luzia, sufocando-a, porém Ana a salva, atingindo João com uma paulada na cabeça. João cai, desfalecido, ou talvez morto. Reforça-se assim a ligação emocional entre Luzia e Ana. No entanto, mesmo após esse ato, Luzia ainda desconfia de Ana e coopta a menina de rua (cena mantida nesta versão) para ler o bilhete de Cassio. Ana, descontrolada, mata a menina, antes que ela fale que não há nada escrito no papel, sem que Luzia perceba. No final, Pedro surge bêbado, comemorando o resultado negativo do seu teste de laboratório. Ana, atormentada com as três mortes (Cassio, João, menina de rua), exige que Pedro a leve à polícia, abandonando assim Luzia.

Portanto, João e Pedro penetram crucialmente no universo de Ana e Luzia, a ponto de influir em sua trajetória. Abandona-se definitivamente a idéia das caixas chinesas, construindo-se uma estrutura de histórias que se cruzam, ao estilo de *Short Cuts*, de Robert Altman, ou então dos romances de Balzac.

Outro ponto exaustivamente trabalhado na nova versão é a diferenciação dramática entre Luzia e Ana. Luzia adquire um perfil fleumático, enquanto Ana assimila o jargão profissional de pesquisas em sua fala coloquial. Esse desenvolvimento em termos de construção das personagens foi fundamental para a evolução dramática do texto.

A fala técnica de Ana depurou a personagem. Seu discurso ficou mais preciso, quantitativo, incapaz de análises mais qualitativas e, portanto, mais coerente com seu perfil de pesquisadora, catalogadora de informações. Porém, o mais importante é que essa característica do discurso permite uma maior percepção da transformação dramática da personagem. Ao longo da peça há uma humanização de Ana, seu discurso vai ficando menos técnico, e mais subjetivo. A seguir, alguns exemplos de mudança nas falas de Ana:

> (2ª versão) ANA: O que eu faço? Você não pode me abandonar!
> (3ª versão) ANA: Qual o itinerário? Você não pode me largar sozinha em campo. Eu rendo melhor em dupla.

> (2ª versão) ANA: Estava envergonhada. Não queria te trair, afinal você o ama.
> (3ª versão) ANA: Eu falhei mais uma vez. Por favor, me despeça. Será por justa causa.

Já Luzia adquire uma maneira de falar que agiliza o diálogo, como se ela estivesse sempre processando informações (Ana cataloga, Luzia processa). Suas falas são transitivas, exigem um complemento do interlocutor. Luzia é extremamente econômica. O diálogo gira em função do que ela pode extrair do outro. Por exemplo:

> (2ª versão) LUZIA: Sobre o quê vocês conversaram?
> (3ª versão) LUZIA: conversaram sobre

> (2ª versão) LUZIA: Me diga. Você aceitou o convite dele para jantar?
> (3ª versão) LUZIA: o convite do jantar. aceitou

> (2ª versão) LUZIA: O que diz o recado?
> (3ª versão) LUZIA: o recado diz

As falas de Luzia não utilizam letra maiúscula e nem ponto final, a não ser em sua última fala na peça: "Ana, eu preciso de você.". Nesse sentido, o texto visa primordialmente a leitura por parte dos agentes do processo (diretor, atores, técnicos), e não propriamente do público final. Pois antes de chegar ao público, a peça é processada pelos agentes, e o texto coloca algumas questões: Como trabalhar dramaticamente a ausência de maiúsculas e pontos finais na personagem de Luzia? Como diferenciar essa maneira de falar da maneira das outras personagens? E como fazer sentir que em sua fala final ela pronuncia a letra maiúscula e o ponto final, caracterizando, assim, uma transformação da personagem?

Abre-se assim um espaço de indeterminação no texto, visando a evolução do processo.

Este talvez tenha sido o primeiro momento da pesquisa "Caos/Dramaturgia" em que apliquei conscientemente noções de complexidade na construção do texto. Por essa época estava lendo *Entre o Cristal e a Fumaça*, de Henri Atlan, sendo que um dos pontos mais ressaltados pelo autor é a necessidade de uma reserva de indeterminação para a evolução de um processo. Se não há indeterminação, tudo é compreendido, e não há possibilidade de novas indagações, novas informações, novas descobertas, gerando portanto estagnação. Além disso, a indeterminação é o próprio conceito de complexidade, ou seja, informação que nos falta para compreender o sistema[3].

Portanto, essa característica ortográfica de Luzia abre a possibilidade de novos caminhos de pesquisa, tanto para o diretor como para a atriz que irá fazer o papel. Há como que um vácuo, uma aresta deixada pelo dramaturgo para ser preenchida pelo diretor ou pela atriz, os quais, em suas pesquisas, podem levar o processo a resultados artísticos inimagináveis, mesmo para o dramaturgo, o qual abre espaço para a evolução, mesmo sem saber direito como ela se dará. Afinal, a evolução é sempre imprevisível.

Há ainda um detalhe interessante na passagem da segunda para a terceira versão. Por duas vezes na segunda versão ocorreu o mesmo erro de digitação: em vez de Luzia, escrevi Luiza. Esse ruído originou a construção de uma cena. Quando Luzia faz as entrevistas para o emprego, antes de João e Ana, vem Bety, que pelo nervosismo da situação – ela precisa muito do emprego – a todo momento troca o nome de Luzia por Luiza. É importante frisar que a cena de Bety já existia nas versões anteriores, porém era relativamente fraca em termos dramáticos. Não havia nenhum tipo de relação que se estabelecia entre Bety e Luzia. Um ruído de processo – erro de digitação – possibilitou a criação de um elemento dramático que fez evoluir a cena.

Neste momento, o processo incorporou a cenógrafa, Rossana Foglia, e o produtor, Ricardo Pichiarini. A eles foi entregue somente a terceira versão. Com base nela, reuniões foram realizadas. O texto

---

3. H. Atlan, *op. cit.*, p. 66.

se transformava em projeto. Atores foram sondados, tendo portanto lido o texto. Porém, nada de concreto ainda, nem elenco e nem patrocínio. De qualquer modo, as discussões entre os já envolvidos no processo e as reações das pessoas que liam o texto se caracterizaram em flutuações, as quais levaram o dramaturgo à elaboração de uma quarta versão, em novembro do mesmo ano.

A principal alteração dramática do texto foi a perda do caráter *serial killer* que a personagem Ana estava adquirindo. Ana não mata mais a menina de rua, apenas a amedronta, dizendo que o rapaz bêbado (Pedro) é um sujeito perigoso e quer matá-la. A menina foge, sem ler o bilhete. Ana, no entanto, também começa a ficar temerosa do bêbado. Descontrolada, ela passa a acreditar em sua própria mentira, ou seja, que o bêbado está armado. Ana foge correndo com Luzia. Durante a fuga, Luzia cai, machucando-se, e não consegue se levantar. Luzia, totalmente dominada por Ana nesse momento da peça, não quer ser deixada sozinha. Ana mente, diz que só vai comprar cigarros para Luzia, para acalmá-la um pouco, e que já vai voltar. Ana então sai, sem destino, abandonando Luzia. Não há mais nenhuma referência à polícia. Ana simplesmente vai embora.

A personagem de Cassio também foi revestida de um caráter de indeterminação. As suas falas passaram a ser impressas com uma fonte diferente da utilizada no resto do texto.

(3ª versão) CASSIO: Ela me surpreende a cada instante, enquanto eu só faço confirmar o que ela já sabe.
(4ª versão) CASSIO: Ela me surpreende a cada instante, enquanto eu.... Eu só confirmo o que ela já sabe.

O que significa essa fonte diferente para Cassio? Por que só a sua personagem possui essa característica? Como o ator irá interpretar tal diferença?

Essas questões abrem um novo nicho de indeterminação na interpretação da obra, assim como o aberto para a personagem de Luzia. Articula-se um espaço para criação e descoberta de possibilidades por parte dos agentes do processo. Nesse sentido, o dramaturgo se coloca mais como um propiciador para os agentes descobrirem novos caminhos do que ele próprio ser o indicador de qual caminho seguir. A evolução do processo é mais importante do que a mera excelência do texto.

Outro detalhe que merece destaque nesta quarta versão é a última fala de Luzia: "Eu preciso de você, Ana.". Esta frase não estava na terceira versão, mas estava nas anteriores. Aparentemente, poderia se pensar que o processo é irreversível, isto é, as transformações sofridas pelo texto são no sentido de uma evolução, o que não permitiria um retrocesso a algum elemento de versões anteriores descartado. No entanto, a história do processo é mais forte do que o seu estágio atual, e qualquer elemento que já esteve presente, mesmo que eliminado posteriormente, pertence à sua memória, sendo passível, portanto, de ser reaproveitado, tanto pelo dramaturgo, quanto pelos atores ou diretor. "Tudo o que foi transcrito em um caderno ou no manuscrito, visando a uma narrativa determinada, fica na memória da escritura"[4].

Em suma, a memória do processo faz com que todas as versões do texto estejam vivas e não sejam simplesmente substituídas e esquecidas. Uma versão não elimina a outra. O que ocorre é uma atualização, sendo que nesse momento o documento em voga é a quarta versão. Porém a primeira, a segunda e a terceira não perderam sua validade e ainda funcionam como material de pesquisa e criação para diretor, dramaturgo e atores. Quanto mais se domina a memória do processo, mais efetiva é a proposição de seus novos movimentos.

De qualquer modo, a quarta versão foi o texto entregue aos atores, ao sonoplasta, ao iluminador, ao figurinista e a todos os outros que se incorporaram ao processo, sendo que foi em cima desta versão que foram trabalhados os ensaios. Enfim, este era o texto da peça. Para os atores e outros envolvidos que só leram a quarta versão, não interessavam as transformações sofridas pelo texto até chegar a esse ponto. Esse era o texto e ponto final. Para eles, a memória do processo seria construída a partir desta quarta versão.

Neste momento do processo, entra em cena o autor-espectador, que irá presenciar os ensaios e retrabalhar o texto em função de suas impressões e as dos outros agentes. Não há mais necessidade de se escrever uma nova versão; o texto vai sendo mudado diariamente, de acordo com os ensaios. Algumas mudanças são propostas pelo próprio dramaturgo, outras pelo diretor, pelos atores, ou por algum imperativo de produção. Vale destacar algumas delas:

a) O funcionário do supermercado, originariamente um remarcador, passa a ser um empilhador. Motivo: a nova função permite uma maior mobilidade do ator.

b) LUZIA: e o carrinho

Essa fala era dita por Luzia a Ana, no supermercado, que queria saber o que havia no carrinho de compras de Cassio. No projeto cenográfico foi proposta a substituição do carrinho por uma cesta, devido à dimensão dos objetos. O dramaturgo, em função dessa mudança, propôs uma alteração:

LUZIA: eles compraram

Essa nova fala, na verdade, constitui uma melhoria no tratamento da personagem, pois ela é mais transitiva, exige mais diretamente o complemento do interlocutor. É mais coerente com o discurso de Luzia.

---

4. P. Willemart, *op. cit.*, p. 115.

c) CASSIO (oferece gelo): **Bastante gelo?**
ANA: Acho que é melhor pra matar a sede.

Logo na primeira apresentação, um problema veio à tona. Não havia gelo que resistisse ao calor do teatro (sem ar condicionado) até aquele momento da peça. Portanto, por um ruído de produção, não haveria mais gelo. A solução dramática encontrada foi:

CASSIO: **Gelo?**
ANA: Não. Prejudica a garganta.

A nova frase de Ana cai melhor em termos de seu tecnicismo, sendo mais coerente com a personagem. Nesse sentido, um ruído (calor excessivo do teatro) provocou uma evolução no texto.

d) A atriz que interpretava ELA teve um problema de voz e fez duas apresentações quase que totalmente afônica. Para poupar a sua voz, o dramaturgo e o diretor decidiram que enquanto ela não estivesse totalmente curada, não haveria a cena do programa de televisão, na qual ela mais usava a voz. A cena do apartamento de Cassio sem o programa de TV se revelou mais intensa, pois concentrou-se na tensão entre Ana e Luzia. Assim, mesmo após o restabelecimento da voz da atriz, o programa de TV foi suprimido da peça. Portanto, um ruído (falta de voz da atriz) rearranjou a peça num patamar mais elevado dramaticamente.

Em maio de 1996, após uma temporada de dois meses de apresentações, a peça sai de cartaz devido ao fechamento do Teatro Paulista. Assim, um ruído do meio (venda do teatro ao hospital vizinho), fez com que o processo entrasse em uma turbulência de efeitos imprevisíveis. Até a morte do processo poderia ser um dos caminhos possíveis, pois sem espaço para se apresentar e sem dinheiro para prosseguir, seria muito difícil manter a estrutura da peça parada, ou mesmo voltar aos ensaios, sem uma definição de reestréia.

Surge então uma proposta de se apresentar a peça em um galpão. A idéia foi muito bem recebida pelo diretor o qual, em antigas discussões sobre o texto, ainda na época da terceira versão, bem antes da estréia, acreditava ser *Narraador* uma peça ideal para ser apresentada em um espaço não convencional, de preferência em um galpão. Foi feita, então, uma busca pela cidade a procura de galpões disponíveis para alugar. A idéia, no entanto, foi abandonada devido ao alto preço dos aluguéis, acima da capacidade de produção da peça. Sendo assim, voltou-se a pensar em termos de espaços convencionais, e foi em um palco italiano, no Teatro Paulista, que a peça estreou.

As condições, agora, eram diferentes. O proprietário de um pequeno galpão, interessado em transformar seu imóvel em um espaço cultural, facilitou a negociação em torno do aluguel cobrado. A primeira alusão a esse galpão foi feita enquanto a peça ainda estava em cartaz, por um dos envolvidos no processo, Tales Ab'Sáber[5], o qual, conhecendo tanto o espetáculo quanto o galpão, achava ambos absolutamente compatíveis. Vale ressaltar que ele não tinha ciência das discussões passadas acerca de se apresentar a peça em um galpão. Aliás, durante a temporada, inúmeros espectadores comentaram que a peça "pedia" um espaço não convencional.

Nesse sentido, reforça-se a idéia de que toda discussão ocorrida na história do processo, mesmo que tenha sido abandonada, faz parte de sua memória, e de um certo modo, nunca desaparece. No máximo, pode ser encoberta por outras discussões e informações posteriores, sendo, porém, passível de voltar à tona ou então de ser descoberta por uma leitura mais aprofundada. A estrutura de um processo pode ser aproximada à de um palimpsesto, ou seja, o seu corpo guarda marcas de sua história, algumas plenamente visíveis, outras encobertas por camadas construídas ao longo do tempo.

Dessa forma, no galpão, o processo entra em um novo estágio. É iniciado um novo período de ensaios, de adaptação do espetáculo ao novo espaço cênico. Alguns atores, no entanto, não se sentem motivados a reiniciar o processo de construção do espetáculo, e, por razões particulares, preferem sair, sendo então substituídos. Enfim, após um período de extrema turbulência, o processo volta a se estabilizar em uma nova configuração, em um espaço diferente, com um elenco diferente.

É nesse exato momento que se realiza a leitura do texto, pelos novos atores. Como já foi dito no início do capítulo, essa leitura motivou o dramaturgo a escrever uma quinta versão, dada a defasagem do texto entre a quarta versão (o texto oficial) e a última apresentação no Teatro Paulista (principal referência no atual estágio do processo). Podemos então caracterizar essa leitura como uma flutuação que provoca uma ligeira instabilidade no processo (percepção da defasagem do texto), a qual irá acarretar uma reorganização do processo em um novo patamar, a quinta versão. Essa versão, mais do que um novo tratamento, é uma atualização das modificações sofridas pelo texto durante todo o estágio de ensaios e apresentações.

Nessa nova versão, dois fatos merecem ser ressaltados:

a) Em uma apresentação, a atriz que interpretava Ana, ao invés de falar "... e se ele descobrir que Pedro não está aqui...", disse "... e se ele descobrir que Cassio", porém ela logo percebeu o engano e prontamente corrigiu a frase voltando a se referir à personagem Pedro. Neste momento da peça estão em cena Ana, Luzia e o corpo morto de Cassio, sem que Luzia o perceba, dada a sua cegueira. Ana,

---

5. Atuando profissionalmente como psicólogo, sua atribuição no processo era a de analista das personagens. Os atores da peça iam a seu consultório e faziam sessões vivenciando os personagens, ou seja, eram os personagens os analisados, como parte da pesquisa de construção de personagem. Tal recurso foi concebido pelo diretor.

a assassina de Cassio, faz de tudo para que Luzia não o descubra. Nesse sentido, o erro da atriz propiciou um efeito dramático muito forte, pois colocou o foco de atenção, Cassio, nas próprias palavras da personagem que o matou, a qual durante toda a cena tenta esconder a presença do morto. Portanto, o engano é um indicativo interessante do descontrole emocional da personagem. Após essa apresentação, a atriz não se enganou mais, até o fim da temporada, porém, na nova versão, o dramaturgo fez com que o erro da atriz virasse um ato falho da personagem, e sua fala agora é "e se ele descobrir que Cassi.., Pedro não está aqui". Houve portanto uma transformação dramática da cena, provocada por um ruído (erro da atriz).

b) Na nova versão foram assimiladas, quase que em sua totalidade, as mudanças sofridas pelo texto em sua encenação. Houve, porém, uma exceção. Na cena da casa noturna havia no texto um diálogo entre Ana e Luzia que era interrompido por um freqüentador, que pedia para Luzia um cigarro e, depois, fogo. Essa interrupção foi suprimida durante os ensaios em prol de uma maior agilidade no diálogo das duas. Na nova versão, porém, a cena é mantida. Retorna-se a um elemento descartado pelo próprio processo, embora ele faça parte de sua memória. Por que então manter tal cena? A dramaturgia de *Narraador* foi concebida em função das interferências e interrupções que podem construir e destruir uma cena. Nesse sentido, a interrupção é coerente com o ideário que fundou a elaboração dramática da peça e, portanto, deve ser mantida no texto. Sendo assim, cabe ao dramaturgo não somente manter o texto atualizado em relação às suas alterações, mas também refletir sobre qual a dimensão dramática de tais alterações. Desta forma, o trabalho do dramaturgo em um *work in process* tem que se equilibrar entre a flexibilidade às mudanças promovidas pelos envolvidos no processo e a coerência a uma diretriz dramática inicial que a todo momento corre o risco de se diluir pelas próprias andanças e desandanças do processo. Mas qual é, de fato, a força de restrição de tal diretriz? Até que ponto ela é limitante para as descobertas do processo? Difícil dizer. Não há um limite pré-estabelecido. Muitas vezes um processo pode desvirtuar a diretriz inicial, por meio de novos elementos que surjam e proponham questões muito mais interessantes do que as propostas pela diretriz. Outras vezes, um processo pode perder a sua força artística, se for muito diluído o que foi proposto inicialmente. No caso de *Narraador*, se as várias cenas com interrupções (telefones que tocam, pessoas que chegam, esbarrões na rua) tivessem suas interferências suprimidas em prol de uma maior agilidade dramática, com certeza a diretriz inicial seria desvirtuada e, nesse sentido, uma nova diretriz viria à tona, ou então a peça ficaria sem nenhuma diretriz que a articulasse dramaticamente, o que poderia contribuir para o enfraquecimento do texto. Portanto, o dramaturgo tem que ser extremamente sensível na pesagem de todas essas variáveis e decidir o que é o mais rico em termos dramáticos para o processo: a manutenção de um elemento coerente a essa diretriz dramática inicial ou a introdução de um novo elemento surgido no processo e que se distancia de tal diretriz. No caso específico da cena na casa noturna em *Narraador*, o dramaturgo optou pela coerência à diretriz dramática inicial, mantendo a interrupção do freqüentador.

Talvez o fato mais importante desse novo período da peça, no galpão, tenha sido a busca de novos caminhos cênicos empreendida pelo diretor, afim de dialogar com a dramaturgia construída em função de ruídos e interferências.

Na encenação anterior, em palco italiano, as interferências eram trabalhadas somente no plano do texto, ou seja, a encenação apresentava essa característica, enquanto agora, a encenação procurava dialogar com ela. Nesse sentido, o diretor introduziu diversos novos elementos cênicos que implementaram a poética de ruídos, interferências e ambigüidades proposta pelo texto.

Entre esses novos elementos cênicos, podemos destacar:

A introdução dos "corumbos" – Corumbos são personagens advindos do teatro japonês responsáveis pela contra-regragem em cena. A princípio, a idéia do diretor era que dois corumbos movimentassem os módulos do cenário para agilizar as mudanças de cena. Uma das maiores críticas à peça no Teatro Paulista era relativa à morosidade das mudanças de cena, quando os próprios atores mudavam os módulos de posição, indicando uma nova ambientação. Tais mudanças, a todo momento, freavam a agilidade que o texto propunha. Agora, os módulos seriam movimentados pelos corumbos durante as cenas, imprimindo movimento e ruidagem à encenação. Não haveria mais mudança de cenário entre uma cena e outra. Os cenários estariam constantemente sendo mudados, durante todo o decorrer da peça. Com o andamento dos ensaios, a figura do corumbo começou a ganhar destaque dentro do projeto de encenação, tanto que foi introduzido mais um corumbo, perfazendo um total de três. Os corumbos, aos poucos, deixaram de ser responsáveis somente pela movimentação do cenário, e passaram a agir diretamente sobre a cena e as personagens, como se fossem entidades fora do plano real. Por exemplo, em uma das cenas, um deles acaricia os cabelos do corpo inerte de Cassio, imprimindo à cena um tom de ternura pelo morto. Já em outro momento, quando Luzia aperta a mão ferida de Ana, torturando-a para falar a verdade sobre o que aconteceu entre ela e Cassio, os corumbos emitem um ruído sincopado e crescente que imprime um tom de quase terror à cena. Nesse sentido, os corumbos ampliam o grau de interferências desejado pelo dramaturgo.

A disposição do público – Ao contrário da distinção palco/platéia estabelecida pelo palco italiano, no galpão o público está imerso dentro do espaço cênico. Não há cadeiras, nem lugares marcados. O público é convidado a circular pelo espaço, acompanhando a peça e imprimindo um aspecto "processional" ao espetáculo. Isso faz com que o público seja, de certo modo, parte da trama. Por exemplo, na cena da casa noturna, cria-se a impressão de que as pessoas do público são as próprias freqüentadoras da *disco*. Pensando nessa disposição espacial do público, o diretor propôs várias cenas simultâneas acontecendo no galpão, como se esse espaço cênico fosse a grande cidade, onde várias coisas acontecem ao mesmo tempo. Cada pessoa do público poderia optar por qual cena iria assistir, isso se não tentasse assistir a duas ou três cenas simultaneamente. Assim, a estrutura de ruídos e interferências chega a uma plenitude cênica. Vale ressaltar que era obedecida uma hierarquia para não se perder a linha dramática da peça. Nesse sentido, havia a cena principal, seguindo o texto, e haviam as paralelas, que eram as ações das personagens não inclusas na cena principal. A hierarquia era determinada pela luz e pelos diálogos (as cenas paralelas eram geralmente mudas). De qualquer modo, todos os atores estavam em cena o tempo todo, agindo cenicamente. No entanto, havia uma cena em que não ocorria hierarquização. Ela foi proposta pelo dramaturgo na quinta versão, já se pensando na utilização desse espaço cênico total. Tratava-se da cena do restaurante, na qual de um lado teríamos Luzia dialogando com a cozinheira na cozinha, e de outro, Ana e Cassio jantando no salão. Fazendo a ligação das cenas teríamos o garçom. É interessante notar como essa cena chegou a esse ponto. Até a quarta versão, havia só a cena da cozinha, e o jantar no salão era relatado por Ana nas suas visitas à cozinha em busca de orientação. Durante os ensaios para a estréia no Teatro Paulista, o diretor colocou o jantar em cena, mas sem diálogos, como que para acompanhar visualmente a cena da cozinha. Porém, agora, haveriam diálogos nas duas cenas e, em vez de se optar por uma partitura, ou seja, intercalação de falas das duas cenas, optou-se pela independência delas. Sendo assim, as falas iriam se sobrepor, impossibilitando a compreensão total dos dois diálogos por parte do público, que poderia optar em acompanhar a cena que mais lhe conviesse, ou pegar fragmentos das duas. O importante é que a compreensão da trama não seria afetada, pois as falas vitais para o andamento da história eram as de Ana com Luzia na cozinha. Essas falas eram compreendidas perfeitamente pelo público, já que nesse momento não havia diálogo no salão, pois Cassio estava sozinho. Portanto, a composição cênica do espaço proposta pelo diretor, fazendo com que várias ações ocorressem ao mesmo tempo, criou diversos novos significados e possibilidades de leitura, ampliando ainda mais a ambigüidade e o grau de interferências proposto pela dramaturgia.

A utilização de fumaça e bateria eletrônica – Antes da entrada do público no galpão, o espaço era preenchido por uma fumaça branca e espessa que dificultava sobremaneira a visibilidade do espaço, principalmente no início da peça (aos poucos a fumaça desvanecia). Tal invisibilidade dialogava com a cegueira de Luzia e também era mais uma ferramenta de ruidagem utilizada pelo diretor. Assim como a bateria eletrônica, que sutilmente vibrava por toda a peça, funcionando mais ou menos como um metrônomo. A batida da bateria não era um ruído aleatório. Havia uma progressão de sua freqüência ao longo da peça; de longas pausas no início, para uma batida frenética no final, acompanhando o crescimento dramático do espetáculo.

Estes foram os elementos cênicos mais fortes introduzidos pelo diretor. Houve ainda outros menores, tais como determinados objetos e intenções das personagens que passaram a fazer parte da peça. Assim, nesse momento, *Narraador* evoluiu em termos de projeto artístico, pois as propostas dramáticas apresentadas pelo dramaturgo vieram à tona cenicamente. Encenação e texto passaram a fazer parte de um só corpo, ao contrário da primeira fase no Teatro Paulista, onde o texto se desvinculava da encenação e grande parte do público fazia comentários sobre o texto, e não sobre a peça.

A interação entre diretor e dramaturgo é um dos pilares fundamentais em um *work in process*. Pois o processo, aberto e mutante, tende a uma desordem crescente, recheada de crises e desequilíbrios. Afinal, o dramaturgo sempre propõe novas idéias, assim como os atores, diretor, cenógrafo, iluminador, produtor, músico, enfim, todos os agentes envolvidos no processo, criando um cenário turbulento de inúmeras possibilidades a seguir. Em função desse cenário, o dramaturgo discute as idéias com o diretor e, nessa relação, tentam compreender qual rumo o processo está tomando, e qual a tendência a ser seguida, no sentido de elaboração do espetáculo. A partir das discussões diretor/dramaturgo, o acúmulo de informações aparentemente desordenadas geradas no processo ganham um sentido. O dramaturgo então trabalha este sentido na construção do texto dramático, corporificando, por meio do texto, a criação de ordem dentro do processo, assim como o diretor corporifica tal criação dentro da encenação.

Vale ainda frisar que essa relação não consiste em uma fórmula. Muitos diretores acumulam a função de dramaturgo, como Gerald Thomas, enquanto outros dominam amplamente o espectro das decisões, subordinando o dramaturgo a um âmbito menor de criação dentro do processo.

Em *Narraador*, a criação veio a partir de uma interação entre agentes (diretor e dramaturgo), e não do ato isolado e centralizador de um deles, o que reforça o caráter de complexidade do processo, totalmente construído a partir das interações entre os agentes envolvidos.

Para ilustrar o trabalho de interação entre diretor e dramaturgo em *Narraador*, estão anexadas, ao capítulo, duas críticas da peça publicadas na imprensa. Na primeira crítica (figura 1, p. 45), de

Aguinaldo Ribeiro da Cunha, do *Diário Popular* (18/09/1996), é ressaltada literalmente a interação entre texto e direção. Já na segunda crítica (figura 2, p. 46), escrita por Mariângela Alves de Lima, de *O Estado de São Paulo* (04/10/1996), é interessante o modo como ela captou a proposta dramatúrgica/cênica dos ruídos e da ambigüidade, utilizando o termo ocultação para designar a consciente falta de explicitação da trama buscada pelo dramaturgo e, posteriormente, pelo diretor.

Vale ressaltar no texto de Mariângela, a retomada da crítica à trama envolvendo as personagens de Pedro e João, em termos de sua não organicidade em relação à trama principal envolvendo Ana e Luzia. Essa crítica já havia sido feita por parte do público, que não compreendia exatamente a função das duas personagens masculinas. Esse fato levou o dramaturgo a propor uma mudança no texto durante a temporada. A mudança ia contra a diretriz dramática da busca de ambigüidade, pois explicitava uma relação entre personagens. A cena em questão é a final, quando um bêbado aborda Ana e Luzia, que pensam tratar-se de um ladrão. Tanto para o dramaturgo, quanto para o diretor e elenco, o bêbado é Pedro, que não havia aparecido durante toda a peça, a não ser numa mensagem na secretária eletrônica de João, logo no início, quando ele diz que vai ficar bêbado de tanto comemorar, pois seu teste havia dado negativo. A idéia era não explicitar em nenhum momento o fato de Pedro ser o bêbado, para deixar que os espectadores mais atentos descobrissem, por meio de algumas sutilezas nas falas da personagem.

Durante toda a temporada, talvez três ou quatro pessoas descobriram a identidade do bêbado, que era de certo modo importante, pois dava uma organicidade maior na relação entre João/Pedro e Ana/Luzia. Após todas as críticas (flutuações), tanto as informais quanto as institucionais, o dramaturgo propôs uma alteração na fala do bêbado Pedro. A fala anterior era: "Por falar nisso, que horas será que são? Deve ter gente preocupada comigo". A fala passou a ser : "Nossa, que horas são? Eu preciso ligar pro João. (sorri, malicioso) Comemorar com ele!".

Apesar da alteração diminuir o grau de ambigüidade do texto, deixando mais claro que o bêbado é Pedro, proporcionou ao público a construção de novos elementos de significação, principalmente na ligação da figura de Pedro, que nesse momento pensa em João, com a figura do próprio João, que nesse mesmo momento já está morto, sendo que a responsável pela morte é Ana, a mesma a que Pedro havia falado: "Você é o meu anjo". Nesse sentido, Pedro celebra a vida (o resultado de seu teste é negativo), sem saber que o seu companheiro está morto. Vale frisar que nesse caso o dramaturgo optou por se distanciar da diretriz dramática de interferências e ambigüidades em prol de uma necessidade do processo; a simplificação do texto para a compreensão do público.

Essa foi talvez a última alteração de texto visando a sua evolução, pois duas semanas depois da crítica, a peça encerrava a sua temporada no galpão. Depois disso, aconteceram mais duas apresentações em Londrina que concluíram, pelo menos temporariamente, a carreira da peça[6].

Nesse momento, o autor-espectador se retira do processo, até ser convocado novamente, seja para uma nova temporada de apresentações, ou então para um novo período de ensaios. Já o autor-escritor e o seu colega leitor podem continuar trabalhando, se assim o desejarem, pois o texto está a disposição deles, e nada os impede de retrabalhá-lo em uma sexta versão. É interessante notar que, para se configurar, o autor-espectador necessita do outro, isto é, como o próprio termo diz, ele é espectador de algo; se este algo (ensaio ou apresentação) não ocorre, ele não tem função. Já o escritor e o leitor necessitam somente um do outro para existirem, o que reforça a figura consagrada do "autor solitário".

O autor-espectador é o escritor forçado a sair do seu gabinete, da sua clausura, da sua solidão imaculada. Para criar, ele necessita olhar o outro, entender a criação do outro, dialogar com o outro, aceitar as regras do outro e fazer com que o outro aceite as suas. O autor-espectador tem de olhar para si e para o mundo ao mesmo tempo, e sua criação é a própria medida deste colocar-se no mundo. Ele não pode se anular, aceitando totalmente as questões do outro em detrimento das suas, como também não pode impor a qualquer custo as suas idéias, sem ouvir o outro. Em ambos os casos o processo se empobrece, pois perde a dimensão do diálogo, da interação, necessários para sua evolução.

Para compreender melhor a dimensão do espaço de atuação do autor-espectador, vale abrir um pequeno parênteses para um breve relato do processo de criação do espetáculo *A Banda*. A peça surgiu a partir do desejo de um grupo de atores em trabalhar a linguagem do *clown* com a diretora Cristiane Paoli-Quito. Quito, que havia dirigido *O Rei de Copas*, a minha primeira peça encenada, me convida para ser o dramaturgo desse processo; convite aceito. O processo começa sem a minha presença, devido ao trabalho em *Narraador*. A diretora e os atores fazem um intenso treinamento da técnica do *clown*, com exercícios, improvisações e jogos. Em meio a esse treinamento, decidem montar um espetáculo infantil, com o seguinte tema: uma banda que nunca toca; sempre que os músicos se preparam para executar algo, acontece algum imprevisto, alguma *gag*, que impede a música de vir à tona.

---

6. O texto desse capítulo foi concluído em fevereiro de 1998. Em março, *Narraador* foi convidado a se apresentar no Centro Cultural São Paulo, para uma temporada de três meses. Portanto, apesar da análise estar concluída, o processo continua em movimento, assim como o texto dramático da peça.

Após esse período de treinamento, inicia-se uma segunda etapa de ensaios, já com a presença do dramaturgo, visando a construção do espetáculo. A diretora pede para que cada um dos atores crie cinco diferentes ações para a peça. As ações são trajetórias com começo, meio e fim. Por exemplo, músicos formam fila; isto é uma ação. Músicos se aquecem, fazendo exercícios físicos no palco, é outra ação, e assim por diante.

As ações propostas pelos atores foram exaustivamente trabalhadas pela diretora e, enquanto algumas demonstravam potencial para serem aproveitadas no espetáculo, outras eram descartadas. Tanto o aproveitamento quanto o descarte das cenas eram decididos pela ação conjunta da diretora e do dramaturgo. Dois meses após a entrada do dramaturgo, o espetáculo já tinha uma certa estrutura, moldada a partir das ações criadas pelos atores. Outra forte tendência era a de se criar um espetáculo sem diálogos, pois todas as ações trabalhadas eram meramente físicas, sem falas.

Um espetáculo sem diálogos e com ações criadas pelos atores. Qual então o papel do dramaturgo nesse processo? Na verdade, até esse momento, o dramaturgo exercia mais um papel de assistente de direção, ajudando a diretora a transformar as ações em cenas. Enquanto a diretora preocupava-se mais com a construção cênica, o dramaturgo ocupava-se com a ligação e o encadeamento das cenas, visando algum desenho dramático.

No entanto, uma enorme flutuação interna atinge o processo. Aos poucos, os atores começam a tocar, indo contra a idéia da banda que nunca toca. Esse movimento não foi orientado nem pela diretora e nem pelo dramaturgo, mas pelo espírito libertário dos *clowns*. Ensaiando já há algum tempo com os instrumentos na mão, era natural que acabassem tocando, embora o não tocar fosse a premissa dramática principal da peça.

A música executada pelos *clowns* era extremamente esquisita e divertida, o que provocou uma bifurcação irreversível ao processo. A peça, que antes não tinha nenhuma música, agora seria um musical. É interessante notar como o processo se afastou de sua diretriz dramática (banda que não toca) e, nesse caso, o dramaturgo não limitou nem cerceou o movimento do processo, e sim permitiu que a diretriz fosse rompida por uma flutuação interna, para o surgimento de uma nova diretriz.

Volto a frisar o papel delicado do dramaturgo na mediação entre a coerência dramática a um projeto inicial e a abertura às mudanças, radicais ou não, surgidas no decorrer do processo. Não existe uma fórmula para essa mediação, a não ser a sensibilidade do dramaturgo em pesar as implicâncias de tais mudanças no corpo dramático da peça.

Nessa nova configuração de *A Banda* como um musical, a diretora aproveitou as cenas já construídas a partir das ações criadas pelos atores, para preencher o espaço entre uma música e outra. No entanto, o resultado não agradava, isto é, não havia organicidade entre as músicas e as cenas já trabalhadas.

A diretora se reúne com o dramaturgo e, juntos, tentam pensar em novas cenas que pudessem preencher o espetáculo, porém nada de interessante vem à tona. O dramaturgo propõe então uma entrevista com os *clowns*, com o objetivo de fazer com que eles falem sobre si, sobre os outros e sobre o mundo. Desse modo, o dramaturgo conheceria melhor a natureza de cada *clown*, o que facilitaria a criação dramática das cenas.

No ensaio seguinte foi feita a entrevista e o resultado foi altamente positivo. Parecia que, assim como ocorria com a música, os *clowns* também estavam se segurando para não falar e, finalmente, eles puderam se soltar com toda a liberdade e humor. Neste momento, entra em cena o autor-espectador. Ele percebe o medo dos *clowns* ante a diretora, como se fosse uma relação mãe/filhos ou professora/alunos. Sempre que algum *clown* começava a falar muito, e geralmente tolices, a diretora logo o cortava de maneira repreendedora, e o *clown* imediatamente se calava, obedecendo mansamente. Assim, a diretora ia conduzindo a entrevista, estimulando e reprimindo alternadamente a verborragia dos *clowns*, de acordo com a sua conveniência.

Após o ensaio-entrevista, o autor-espectador concebe um espetáculo nos moldes de um *Chorus Line*[7], composto por músicas, perguntas e respostas, porém, totalmente deturpado pelo comportamento anárquico dos *clowns*. A idéia foi aceita pelo grupo, e o dramaturgo elabora então o método de construção do texto: uma série de entrevistas gravadas em vídeo, com cada um dos *clowns* e com todos juntos. As entrevistas foram transcritas para o papel, e o grupo selecionou as melhores falas de cada entrevista. O dramaturgo, então, reuniu todas as transcrições, as seleções das transcrições e trancou-se em seu gabinete para escrever a peça. Portanto, o autor-espectador abre caminho para o trabalho do autor-escritor, o qual finalmente age, após quatro meses de processo. Enfim, após uma semana, estava redigida a primeira versão de *A Banda*, que estreou dois meses depois, em sua quinta versão do texto.

É interessante notar que cerca de sessenta a setenta por cento dos diálogos da peça foram criados pelos próprios atores, em suas entrevistas, sem contar a parte musical, que não teve a menor participação do dramaturgo na escolha do repertório. Nesse sentido, o trabalho do autor-escritor foi mais de compilação e amarração dramática do que propriamente de criação.

---

7. Famoso musical da Broadway, em que um grupo de bailarinos e atores é entrevistado por um diretor, o qual escolhe alguns para fazer parte do coro de dançarinos de seu próximo espetáculo.

O trabalho de criação, na verdade, coube ao autor-espectador, o qual teve a sensibilidade de perceber as potencialidades latentes do processo e, a partir disso, conceber uma estrutura dramática que abarcou essas potencialidades.

Mas qual foi o referencial utilizado pelo dramaturgo na percepção de tais potencialidades? A resposta é simples: o movimento. Interessava ao dramaturgo uma estrutura dramática que não cerceasse a liberdade dos *clowns*. Uma estrutura não rígida que permitisse constantemente ser violada pelas improvisações dos *clowns*. Uma estrutura aberta, que incentivasse os *clowns* a criar e recriar continuamente o espetáculo. Ou seja, um meio termo entre o cristal (estrutura, ordem) e a fumaça (improvisação, desordem).

Nesse sentido, a estrutura proposta de perguntas e depoimentos cria um conflito constante entre a *voz* (personagem oculta, inspirada pela figura da diretora, que faz as perguntas em *off*) e os músicos da banda. Cada um tenta ser mais esperto que o outro. Às vezes, a *voz* leva a melhor, outras vezes, os músicos, dependendo da inspiração dos atores naquele dia. Portanto, nunca uma apresentação é igual à outra, e o jogo da criação, fundamental entre *clowns*, está sempre presente. Além disso, a estrutura é absolutamente aberta à introdução ou supressão de músicas, assim como de novos depoimentos. Ela possibilita a permanente transformação do espetáculo, imprimindo movimento ao processo.

Após um ano e meio de sua estréia, o espetáculo já passou por inúmeras configurações de elenco e repertório musical, e uma mudança fundamental em relação ao texto: a personagem da *voz* não é mais oculta; agora, ela aparece de corpo presente na encenação. Deixa de ser uma mera voz e passa a ser uma personagem em cena. É importante frisar que essa alteração, no decorrer da temporada, não partiu do dramaturgo, mas da diretora. Essa importante transformação deu um novo alento ao espetáculo, uma nova motivação, pois agora a tensão entre a ex-*voz* e os músicos é ainda maior, e o acirramento do conflito propõe novas possibilidades de criação para os atores. Portanto, essa flutuação proposta pela direção, sem dúvida, oxigenou o processo, colocando-o num novo patamar de organização.

Mais uma vez, voltamos à questão da evolução. É ela a premissa básica de trabalho em um *work in process*. Tendo isso em mente, o dramaturgo deve sempre pensar em um texto que contenha um espaço aberto, ou então, um espaço de indeterminação, que viabilize uma possível evolução. Nesse sentido, a liberdade de manipulação do texto e questões que ele venha propor, são aspectos tão ou mais vitais que a sua própria qualidade ou excelência. Muitas vezes um texto coeso, bem escrito e altamente estruturado, não possibilita um processo tão rico em termos de discussões e mesmo de resultados artísticos, quanto um texto irregular, cheio de falhas e lacunas, porém, pleno de proposições de trabalho. Pois a excelência de um texto em um *work in process* não está no que ele diz e sim no que ele propõe ao processo e aos artistas nele envolvidos. Seu objetivo não é ser sucinto, mas suscitar o maior número possível de questões, indagações, invenções e crises. Enfim, o texto deve não só compreender a história do processo e as questões nele surgidas, mas também propor novos caminhos, possibilitar a sobrevivência do mesmo, vivendo no limiar entre o passado e o futuro, a experiência e a proposição, a memória e a evolução, ou então, a biografia e a vidência. E, mais do que tudo, ser uma "janela/espelho", que possibilite ao processo e aos seus agentes visualizar o mundo com a mesma riqueza e cuidado que visualizam a si mesmos.

Por fim, é fundamental ressaltar que tais idéias não se caracterizam em um manifesto da dramaturgia de um *work in process*, e muito menos numa fórmula de como escrever um texto dramático em um determinado tipo de processo. Na verdade, o ideário contido nesse capítulo e na dissertação como um todo, é fruto de uma seqüência de reflexões em torno de uma certa maneira de pensar a escrita dramática. Essas reflexões surgiram a partir da elaboração dos textos de *O Rei de Copas*, *Narraador* e *A Banda*, espetáculos sem a menor pretensão de se colocarem como paradigmáticos de uma produção teatral de um certo período. Eles simplesmente pertencem a um tipo de dramaturgia, entre inúmeras possíveis. Cada dramaturgia se caracteriza como uma busca de compreensão e representação da realidade, e, nesse sentido, pode-se dizer que cada artista, ou melhor, cada indivíduo possui sua própria dramaturgia em potencial, de acordo com a sua apreensão do mundo, e de si próprio em meio a esse mundo.

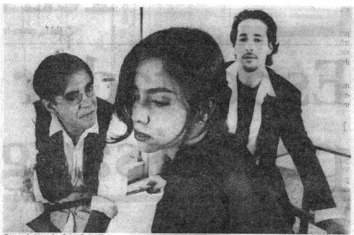

O cenário móvel e a boa iluminação servem de moldura às boas e surpreendentes atuações

Humor fino e sutil tempera ousadias

Texto e direção afinados transformam peça experimental em boa pedida

O Espaço Cultural Pica-Pau Brasil, na rua Cristóvão Pereira, Campo Belo — fora, portanto, do circuito normal de teatro, um bom sinal — é inaugurado com **Narrador**, texto de Rubens Rewald dirigido por Adriano Cypriano.

O espetáculo, que esteve recentemente em cartaz no extinto Teatro Paulista, parece ter sido concebido exatamente para o novo espaço. Surpreende pela força e qualidade de encenação. Além disso, a precisa interação entre texto e direção, pelo menos nesta segunda montagem, também fica evidente, tornando-se praticamente impossível dissociar um da outra.

O autor — premiado pela APCA há dois anos por outro texto, O Rei de Copas — imaginou uma trama interessante: uma mulher cega, apaixonada e aparentemente não correspondida, contrata outra, uma profissional de pesquisas de mercado, para seguir o homem a quem ama. É quase um triângulo que se forma entre Luzia (a cega), Ana (a pesquisadora-detetive) e Cássio (o objeto da paixão).

O encontro entre eles, os fatos que se sucedem, o desfecho inesperado, tudo é apresentado ao público através de um texto permeado por um humor fino e sutil. Rewald sabe trabalhar com as palavras, com as situações, e apresenta esse humor inteligente, irônico, que permeia toda a narrativa — principalmente nas intervenções de uma das personagens, Ana. O público surpreende-se, com certeza, pois num primeiro momento não espera ditos e palavras engraçadas em meio à forma pensada para o espetáculo.

O cenário móvel, a iluminação adequada e a boa trilha sonora compõem o clima necessário para o desenrolar da ação. O público acompanha em pé todo o espetáculo, movendo-se para onde contracenam os atores. Em determinado momento, duas cenas são apresentadas simultaneamente — e o espectador pode escolher a que prefere seguir. A que estiver mais perto do local onde se encontra ou a que lhe despertar maior interesse.

Texto e direção são completados pelas boas atuações do elenco. Todos muito bem, principalmente as duas protagonistas, Dorothy Cross (Luzia, interpretada por ela com muita habilidade) e Lilian Bites (Ana). Um espetáculo com forma experimental, novo, bem-feito, que agrada ao público.

Diário Popular (18/09/1996), por Aguinaldo Ribeiro da Cunha

'Narraador': retratando solidão, amor, sexo e morte no escuro de uma metrópole

'Narraador' encena quebra-cabeça

Espetáculo, que coloca jovem cega percorrendo a noite, brinca com a idéia de revelar e ocultar

Conhecer algo profundamente é, para a filosofia, uma razão de viver e, para o teatro, um bom pretexto. Há séculos, o teatro brinca com a idéia de que revelar e ocultar são, no fundo, a mesma coisa, uma vez que nada pode ser absolutamente conhecido. Brincando uma vez mais com essa idéia consagrada por Pirandello, a engenhosa peça de Rubens Rewald, *Narraador* (Espaço Cultural Pica-Pau Brasil. Rua Cristóvão Pereira, 1.334, ☎ 240-4259), coloca em cena uma jovem cega percorrendo a noite da cidade.

A mediação entre a visão e o entendimento é feita por meio de outras personagens, uma moça contratada para ver e viver pela cega. Por meio desse truque da narração indireta, os fatos são despidos da aparência de normalidade. Todas as coisas, entrevistadas e narradas, se tornam aleatórias, absurdas e insensatas. Uma cozinha de restaurante funcionando a pleno vapor parece uma paisagem infernal, um caldeirão de tensões e ressentimentos. O mais fundo terror noturno é recriado por meio de passos e do recorte indistinto de uma sombra ameaçando o sono dos pivetes de rua.

Forma — Enquanto sugere e dá forma às imagens, deixando-as incompletas, a peça é muito boa. Entretanto, as situações que ficam fora do campo de percepção da moça cega são um corpo estranho no plano do texto. Há, por exemplo, um desencontro entre dois amigos que não se sabe bem por que está dentro dessa história. Embora trabalhando a descontinuidade, há uma unidade no fato de que essa experiência deve convergir para a jovem cega. Quando isso não ocorre, a peça perde o tom de irrealidade sugerido pela percepção imperfeita.

Dirigida por Adriano Cypriano, a encenação é moldada como um quebra-cabeça. As cenas se espalham por um amplo espaço, movendo-se e levando consigo os espectadores. Para compreender a seqüência temporal e espacial é preciso que o público percorra um trajeto e complete o encadeamento. Um jogo de alternância entre o claro e o escuro, feito com recurso muito simples de luz e figurino, cria uma atmosfera sombria e noturno.

Solidão, amor, sexo e morte no escuro deveriam, a princípio, produzir um considerável desconforto. Não é o que ocorre com esse espetáculo, ágil, representado por um grupo bem treinado para operar suavemente os deslocamentos físicos e os complicados objetos de um espetáculo fora do palco. Temos a impressão, ao contrário, de que a metrópole, a que o espetáculo se refere, pode ser uma experiência das mais interessantes, sobretudo para quem é ousado. Há em tudo, a sensação de um novo jogo de esconde-esconde. **(M.A.L.)**

> **T**EXTO DE
> RUBENS
> REWALD É
> ENGENHOSO

SERVIÇO

Narraador. Drama. De Rubens Rewald. Direção de Adriano Cypriano. Com Dorothy Cross, Lilian Bites, Adriano Cypriano. Sexta e sábado, às 21 horas; domingo, às 20 horas. Ingressos: R$ 15,00. *Espaço Cultural Pica-Pau Brasil.* Rua Cristóvão Pereira, 1.334, ☎ 240-4259. Até 13/10

O Estado de São Paulo (04/10/1996), por Mariângela Alves de Lima

3. A Evolução Através da Memória

ANÁLISE DO PROCESSO DE *DO GABINETE DE JOANA*

Qual a força motriz de um processo de construção de um espetáculo teatral? O que o impulsiona? Como ele se desenvolve? Quais fatores são determinantes em sua existência? Como identificar a sua origem?

O número de respostas a cada uma dessas perguntas é tão amplo quanto o número de processos que possam existir. Cada um deles possui a sua história única e específica, que o molda e o caracteriza. Por mais que tracemos paralelos, semelhanças, pontos de contato, não se pode reduzi-los a padrões gerais, pois a sua peculiaridade é a sua maior riqueza e, nesse sentido, creio que a busca principal desse ensaio é pela especificidade de cada processo, e não a descoberta de seus pontos em comum. Portanto, nada melhor para compreender um processo do que traçar a sua biografia, tentando capturar as suas próprias idiossincrasias e particularidades.

Em *Do Gabinete de Joana*, pode-se dizer que a sua biografia[1] começa com a atriz Ana Tabet, que desde 1995 vinha pesquisando a história de Joana D'Arc, em função de seu grande projeto pessoal: montar uma peça centrada no mito da heroína francesa, cabendo a

---

1. Vale sempre ressaltar que essa biografia é traçada do ponto de vista do dramaturgo e do seu trabalho dentro do processo. Cada envolvido (ator, diretor, cenógrafo) pode construir uma biografia absolutamente divergente dessa.

ela interpretar o papel de Joana. Não se tratava, de maneira alguma, de um projeto original ou pioneiro. Antes dela, várias outras atrizes já interpretaram, no teatro ou no cinema, o papel de Joana, entre elas, Sarah Bernhardt, Falconetti, Jean Seberg, Maria Della Costa e, em especial, Ingrid Bergman, cujo fascínio pela personagem a levou a interpretar Joana em dois filmes: um americano, sob a direção de Victor Fleming, e outro italiano, sob a direção de Roberto Rosselini.

Portanto, podemos considerar o projeto pessoal de Ana Tabet como pertencente a uma certa tradição representativa envolvendo personages como Lady Macbeth, Julieta, Blanche Dubois, Anne Frank e outras personagens dramáticas femininas marcantes, reais ou fictícias. De qualquer forma, original ou não, foi a vontade individual de uma atriz a pedra fundamental, a força propulsora do processo em questão.

Em janeiro de 1996, fui convidado pela atriz para ser o dramaturgo desse projeto batizado por ela de "Projeto Joana". A princípio fui reticente em aceitar, pois estava em pleno período de estréia de *Narraador*, sem condições sequer de pensar em outro processo. No entanto, após a turbulência da estréia, refletindo um pouco melhor sobre o histórico da atriz que havia feito o convite, comecei a pensar com mais carinho acerca de minha participação no Projeto Joana.

Ana Tabet foi minha colega de faculdade na ECA/USP e, juntos, trabalhamos em *Cânticos*, curta-metragem dirigido por mim e protagonizado por ela. No mesmo ano, 1989, também trabalhamos na peça *Dias Felizes*, de Samuel Beckett; ela no papel de Winnie, e eu como *videomaker* (havia uma interferência vídeográfica no espetáculo). Com essa peça, Ana ganhou o prêmio de melhor atriz no Festival de Teatro do Sesc. Nada mal, considerando ser esse o seu primeiro espetáculo. Um futuro promissor como atriz lhe surgia à frente. No entanto, devido a um sem número de fatores, desde então, ela praticamente não trabalhara em mais nenhuma peça e sua carreira, de um certo modo, havia estagnado. Em seu currículo, uma peça; e um prêmio.

Passados sete anos, Ana estava absolutamente obcecada em retomar a sua carreira de atriz e, se possível, no papel de Joana D'Arc, seu grande sonho. A partir desse cenário, percebi um vasto potencial dramático nessa luta obstinada da atriz em interpretar uma figura histórica marcada também por uma luta obstinada (a libertação da França). Quem sabe repousasse nessa forte ligação obsessiva entre atriz e personagem o segredo para um projeto dramaticamente instigante?

Voltei a procurar a atriz, dessa vez aceitando o convite. Condicionei o trabalho para o segundo semestre de 1996, devido aos compromissos com *Narraador*. Nesse ínterim, li várias peças sobre Joana D'Arc, entre elas, *A Donzela de Orleans*, de Schiller; *Santa Joana dos Matadouros*, de Bertold Brecht; *Joana D'Arc entre as Chamas*, de Paul Claudel; e *A Fogueira Feliz*, de Martin Descalzo.

Da mesma forma assisti aos seguintes filmes sobre a personagem: *A Paixão de JoanaD'Arc*, de Carl Dreyer; *Joana D'Arc*, de Victor Fleming; *Santa Joana*, de Otto Preminger.

Tanto os filmes como as peças, aliados à leitura de alguns livros de pesquisa histórica sobre Joana, forneceram vários elementos para as primeiras discussões teóricas acerca de Joana D'Arc e de sua possível dramatização e encenação. A partir dessas discussões, várias questões surgiram para o dramaturgo: Como escrever uma história que fosse original, sendo que diversos dramaturgos consagrados já escreveram sobre o tema? Qual o ponto que ainda não foi mostrado, discutido? Existe algo ainda a ser escrito sobre Joana D'Arc? Qual a relevância de se discutir a história de Joana hoje?

Essas indagações serviram como um importante referencial para o trabalho do dramaturgo no início do processo. No entanto, só no decorrer de tal processo poderiam surgir as respostas a essas perguntas.

Os Primeiros Movimentos

Num primeiro momento, o processo contava com apenas uma integrante, a atriz, que pesquisava sozinha o mito de Joana D'Arc. Já num momento posterior, dois integrantes se juntaram a ela: o dramaturgo e a cenógrafa. Uma figura faltava, no entanto: a do diretor. As pessoas convidadas para ocupar o cargo não aceitaram, pois já estavam comprometidas com outros projetos.

A atriz propôs então que os três integrantes dirigissem o espetáculo; ela ficaria mais concentrada na parte de preparação dos atores, o dramaturgo na construção dramática e a cenógrafa na construção espacial do espetáculo. Fui contra a idéia, pois acreditava, e ainda acredito, na interação como forma de evolução, principalmente a interação diretor/dramaturgo. Sem a figura do diretor, não haveria resistência às idéias e proposições do dramaturgo. Sem resistências, não há rearticulações, logo as proposições permaneceriam as mesmas, sem possibilidade de evolução. Desse modo, eu exigia um diretor.

No entanto, estava bem difícil encontrar um profissional artisticamente competente e disponível para o projeto. Claramente não era o caso de chamar qualquer um só para ocupar o cargo. O diretor tinha que ser alguém de extrema confiança de todos. Mas quem?

Ilya Prigogine, em *Order Out of Chaos*[2], discorre sobre "a ordem por flutuação" nos seguintes termos: um sistema em equilíbrio pode ser atingido por uma flutuação interna ou externa, que tira o sistema de seu estado de equilíbrio, fazendo-o atravessar um período de instabilidade. Esta permite ao sistema diversos caminhos a seguir,

---

2. I. Prigogine & I. Stengers, *Order out of Chaos*, p. 177.

ou seja, várias possibilidades de evolução são abertas. O sistema escolhe um caminho, que o leva a um novo estado de equilíbrio, num novo patamar de organização (provavelmente mais complexo que o anterior), até que uma nova flutuação venha a ocorrer.

Nesse sentido, qualquer evento que abale o sistema, de maneira parcial ou total, pode ser considerado uma flutuação. Um acidente envolvendo um ator, uma briga entre os membros do processo, a obtenção de um vultuoso patrocínio, uma chuva forte que atrapalhe um ensaio etc.

No capítulo anterior, relativo a *Narraador*, destaco diferenças entre flutuação e ruído em relação à sua aleatoriedade, isto é, ruídos são sempre aleatórios ao processo. Já as flutuações não necessariamente são aleatórias. Elas podem ou não se relacionar com a história do processo. As flutuações podem ser internas, geradas dentro e pelo processo, ou externas, geradas fora, mas com a mediação do processo. De qualquer modo, internas ou externas, as flutuações são fonte de evolução, sem as quais o processo se manteria estacionário, sem a necessidade de uma rearticulação num patamar mais elevado de organização.

Refletindo sobre tais conceitos, uma idéia começa a tomar forma: por que, ao invés de esperar que uma flutuação ocorra, não moldar um processo gerador de flutuações? Para tanto, seria necessário desenvolver um mecanismo dentro do processo que fosse fomentador de flutuações, sem depender do acaso para a sua ocorrência. As flutuações teriam que ser imprevisíveis, pois se já fossem esperadas sua ocorrência não causaria um impacto forte o suficiente para forçar o processo a se rearticular num novo patamar. Como então moldar um processo que tenha em seu programa a criação de flutuações imprevisíveis?

Foi em meio a essas reflexões, aliadas ao impasse gerado pela ausência do diretor, que surgiu a idéia dos diretores flutuantes. Ao invés da figura central do diretor, propus uma equipe de quatro diretores-consultores, que receberiam um texto (a proposta de dramaturgia) e, a partir dele, desenvolveriam um *workshop*, cada um à sua maneira.

Cada diretor teria uma semana de trabalho em seu *workshop*, com liberdade total de criação e construção. Posteriormente, os agentes do processo (atriz, dramaturgo, cenógrafa) trabalhariam teórica e/ou cenicamente as questões levantadas pelo *workshop*. Após esse período de assimilação, viria o segundo diretor que faria o seu *workshop*, sem o conhecimento do *workshop* anterior e nem de informações precisas do andamento do processo.

A idéia principal era que os diretores não fossem influenciados pelo processo, ou seja, seus *workshops* fossem os mais aleatórios possíveis, em termos de novidades ao processo. Só assim seriam capazes de causar um impacto suficiente a ponto de forçar o processo a se rearticular. Vale ressaltar que por mais aleatórios que fossem, os *workshops* seriam sempre flutuações, e não ruídos, pois partiriam de um elemento interno ao processo, a sua proposta de dramaturgia. Tal proposta não seria alterada, isto é, o mesmo texto seria dado aos quatro diretores.

Havia, porém, um grande risco ao processo em tal mecanismo: a falta de unidade ou organicidade, devido à multiplicidade de idéias intervindo na construção. Mesmo ciente desse risco, a atriz e a cenógrafa concordaram com o mecanismo proposto, o qual foi colocado imediatamente em prática. Entramos em contato com alguns dos diretores que haviam recusado o convite de dirigir a peça e, desta vez, aceitaram, dada a natureza distinta do convite: seria um *workshop* de uma semana, e não a direção geral da peça, que consumiria quase um ano de trabalho. Ao total foram realizados quatro, com os seguintes diretores flutuantes: Flavia Pucci, Cristiane Paoli-Quito, Tales Ab'Sáber e Rossana Foglia/Ana Cabezas.

Antes do primeiro *workshop*, houve um pequeno período de ensaios, com a presença da atriz, do dramaturgo e da cenógrafa. Nesse período, escolhemos algumas palavras que considerávamos fundamentais na abordagem ao mito de Joana D'Arc – obsessão, solidão, guerra, espiritualidade – e propusemos à atriz exercícios de improvisação a partir de tais palavras.

Logo nos primeiros ensaios, notamos que a atriz estava muito influenciada pela história de Joana D'Arc, a qual ela já estava pesquisando há quase dois anos. Apesar de ser um momento de descoberta, de liberdade de improvisação, a atriz já vinha com uma imagem de personagem pronta. Não havia espaço para o novo. Como quebrar essa imagem cristalizada da atriz?

Talvez o texto pudesse ajudar nesse sentido, moldando uma personagem totalmente distinta da concebida pela atriz. Um texto iconoclasta, que ao invés de refletir o que tenha sido apresentado no processo, surgiria como força contrária a ele, capaz de desestruturá-lo e, desse modo, quebrar a imagem cristalizada da atriz em relação à personagem.

Outro fato fundamental surgido nesse primeiro período de ensaios foi o trabalho em torno da temática da solidão. As improvisações da atriz deram margem à seguinte discussão: Até que ponto Joana estava realmente sozinha? Ela se sentia solitária, ou então muito bem acompanhada pelas vozes dos santos, ou mesmo por Deus? Joana buscava a solidão?

Gradualmente, a polaridade "solidão X não solidão" foi se tornando o tema principal a ser trabalhado pela peça. Foi, sem dúvida, o aspecto temático que mais suscitou idéias e discussões, colocando-se, portanto, como ponto de referência para o dramaturgo em sua busca de um novo ângulo na abordagem da história de Joana D'Arc.

Chega então o momento dos *workshops*. Porém, antes de analisá-los, é fundamental falar sobre a proposta de dramaturgia, único elo de ligação entre os diretores flutuantes e o processo, além de ser o texto dramático até então vigente da peça.

Proposta de Dramaturgia (Pré-Texto)

A proposta de dramaturgia foi escrita em outubro de 1996, devido ao momento institucional do projeto. Era necessário um texto dramático para anexá-lo ao *book* da peça, em função de leis de incentivo fiscal, concorrências de teatros públicos, captação de recursos, entre outros. Como não era possível escrever um primeiro tratamento do texto, devido ao estágio ainda muito inicial do processo (os ensaios nem haviam se iniciado nesse momento), achei pertinente escrever um pré-texto, um documento de três páginas, em que exporia as principais idéias que norteavam dramaticamente o processo e que deveriam fazer parte do texto. As idéias haviam surgido a partir das discussões com a atriz e a cenógrafa, e também a partir de minhas próprias reflexões. Portanto, o pré-texto pode ser considerado uma carta de intenções. Vale destacar alguns aspectos dessa proposta:

1) A criação da personagem da historiadora, que também se chama Joana, foi talvez a primeira grande contribuição do dramaturgo ao processo. A idéia surgiu a partir da percepção do comportamento da atriz, absolutamente atolada de referências sobre Joana D'Arc tiradas de livros, peças, filmes e pesquisas históricas. Esse atolamento, de um certo modo, refletia a impossibilidade de se abarcar uma única Joana D'Arc, devido às inúmeras leituras que a personagem recebeu ao longo da história. Portanto, esse acúmulo de informações inspirou uma personagem, a historiadora que estuda a biografia de Joana D'Arc. Tal historiadora se defrontaria com um universo ilimitado de documentos, imagens e dados que tornariam o seu trabalho de pesquisa uma luta obstinada em se chegar a uma única e definitiva versão histórica, assim como foi obstinada a luta de Joana D'Arc em unificar a França.

2) É apresentada a proposta de dois atores para o espetáculo: a atriz, perfazendo uma personagem dupla (Joana e a historiadora), e um ator, perfazendo os diversos papéis masculinos da história de Joana D'Arc.

3) A historiadora trabalha solitária em seu gabinete. Joana D'Arc está sozinha em sua batalha. A solidão aparece aqui como um elemento fundamental na constituição dramática da personagem dupla. É interessante notar que o pré-texto foi escrito alguns meses antes das discussões acerca da solidão de Joana D'Arc, quando o tema da "solidão/não solidão" foi eleito como central na construção da peça. Mesmo antes da escritura do pré-texto, nas primeiras reuniões entre a atriz, o dramaturgo e a cenógrafa, a questão da solidão já fazia parte do processo, nas qualidades atribuídas a Joana D'Arc pelos três agentes: guerreira, solitária e obsessiva. Nesse sentido, é muito difícil precisar exatamente como surgiu o tema central da solidão. Pode-se dizer que ele está presente de forma concreta, ou mesmo latente, desde o início do processo.

Os Workshops *(Flutuações)*

A primeira diretora flutuante foi Flávia Pucci, atriz com grande experiência em teatro butô. O convite a ela foi impulsionado por Ana Tabet, admiradora do trabalho de Flávia. Seu *workshop* ressaltou a ligação de Joana D'Arc com a natureza. Vários elementos, como tempestades, ventos, ramos de trigo, água, fogo, foram trabalhados cenicamente. Flávia construiu uma linha narrativa para a história, com começo, meio e fim, envolvendo a historiadora Joana e Joana D'Arc. A seqüência das cenas era a seguinte:

1. A historiadora Joana está nervosa, agitada com a sua tese.
2. Ela tem muito calor e vai até um ventilador.
3. Joana brinca com o vento. Sente prazer com a natureza.
4. Ela recebe o toque de uma santa e, em êxtase, grita.
5. O namorado acorda Joana, que grita em seu sono. Os dois brigam.
6. Joana chora, se lava, se despe, e veste roupas de homem.
7. Joana guerreira dança um rock.
8. A música pára. Joana acorda de seu desvario e estuda a fundo a história de Joana D'Arc, inspirada por seus sonhos.
9. Orientador de Joana chega em sua casa e a desestimula a defender a sua tese. Joana se revolta e o expulsa de casa.
10. Contra tudo e contra todos, Joana defende sua tese, amarrada como se fosse uma prisioneira. Banca examinadora e Tribunal da Inquisição se confundem.
11. Joana é queimada pela Banca/Inquisição. Ela grita na fogueira.
12. Joana acorda e queima a sua tese.

Durante todo o *workshop*, coloquei-me como um escriba do processo. Flávia ia propondo, tendo idéias, concebendo cenas, e eu anotava tudo, sem filtrar o que iria ou não ser assimilado. Os caminhos abertos foram inúmeros.

Além de escriba, pude exercer plenamente o papel de observador, afastando-me da responsabilidade de proposição cênica que havia adquirido durante os primeiros ensaios. Nesse sentido, pode-se dizer que o *workshop*, além de gerar possíveis flutuações e instabilidade ao processo, permitiu a entrada em cena do autor-espectador, o qual pôde se distanciar da construção cênica para melhor compreendê-la, e daí perceber seus pontos fracos e fortes.

O *workshop* de Flávia foi importante também na medida em que introduziu novos atores para contracenar com a atriz Ana Tabet, pois tratava-se de uma exigência da diretora, para que houvesse jogo e interação entre atores. Desse modo, foi quebrada a rotina solitária de ensaios de Ana, o que foi fundamental para tirá-la de uma certa estrutura viciada de trabalho. Vale frisar que nenhum dos atores que participaram do *workshop* permaneceu no elenco.

Um fato muito interessante ocorreu durante o *workshop*. Flávia criou uma cena na qual uma santa toca a personagem historiadora Joana (cena 4), e esse toque é o início da transformação da historiadora na personagem histórica Joana D'Arc. No primeiro tratamento do texto, esse toque foi transformado em leitura de um poema sobre Joana D'Arc. A historiadora lê o poema para ELA (personagem introduzida no primeiro tratamento), a qual, logo em seguida, relê o poema, mas de maneira diferente, ressaltando a personagem de Joana D'Arc. A releitura do poema é o primeiro "toque" na historiadora em sua descoberta de Joana D'Arc. Posteriormente, na elaboração da cena, as futuras diretoras fizeram com que ELA tocasse fisicamente Joana, no momento da releitura do poema. Portanto, o toque criado por Flávia ficou inscrito na memória do processo e, mesmo depois de ser transformado pelo texto em um poema, ele voltou a ser concreto na construção cênica do espetáculo, para então ser assimilado pelo texto em sua quinta versão:

> ELA *se aproxima de* JOANA, *toca levemente em seu ombro, e sussurra:*
> Ester, Judite e Débora foram mulheres de grande valor pelas quais Deus reanimou seu povo, nos momentos de grande opressão, e sobre outras ouvi falar, imbatíveis em valentia, mas ninguém superou os milagres realizados pela Donzela...
> Joana... Joana D'Arc.

O *workshop* de Flávia, com a duração de três dias, não provocou instabilidade. Nenhum alicerce estrutural do processo foi rompido. Mesmo assim, uma alta taxa de novidade foi introduzida, fazendo com que a quantidade de informação crescesse sensivelmente. A questão principal a partir desse momento seria como assimilar essa nova carga de informações.

Nos ensaios seguintes, muitas idéias de Flávia foram retrabalhadas, e algumas cenas começaram a se moldar. Pode-se dizer que pelo menos três cenas escritas no primeiro tratamento foram introduzidas no *workshop* de Flávia. São elas:

> ... Está em completa comunhão com a natureza, totalmente inóspita. JOANA sente prazer no vento forte, na terra úmida, nas folhas que balançam incessantemente, na tempestade que cai. Enquanto caminha em meio a essa turbulência, canta uma cantiga medieval francesa. Não há nenhum traço de preocupação em seu semblante, só satisfação em sentir e cantar. Adora a sensação dos ramos de trigo tocando o seu rosto.

> ... JOANA dança um rock como se estivesse se exercitando para a batalha; seus movimentos são ferozes, agressivos, ocupam todo o espaço cênico...

> ...Entra o INQUISIDOR. Ele vai até JOANA e passa uma enorme faixa branca ao redor dela, prendendo-a à cadeira. JOANA fica totalmente imobilizada...

É interessante notar que não há falas em tais cenas. Elas são extremamente visuais, seguindo o modo de construção dramática de Flávia Pucci, baseado na plasticidade das cenas. Nesse sentido, a influência da diretora flutuante se dá não apenas na introdução de novas idéias, mas também em seu método de construção.

Vale ressaltar que pouco do construído por Flávia permaneceu concretamente até a estréia, no entanto, por um bom tempo, tais idéias permearam o processo, foram foco de trabalho e discussão, motivaram o surgimento de novas idéias, sendo, portanto, parte fundamental da história do processo.

Um mês depois iniciou-se o segundo *workshop*, da diretora teatral Cristiane Paoli-Quito, que durou apenas um ensaio. Não houve prosseguimento, pois a atriz sentiu fortes dores na coluna e não pôde ensaiar nos dias seguintes. Quando ela já estava restabelecida, Quito não tinha mais datas disponíveis para prosseguir o seu *workshop*. Poderíamos então considerar essa flutuação como ineficiente? De modo algum. Pois, finalmente, a tão esperada instabilidade veio à tona. O alicerce foi rompido!

Durante o seu curto *workshop* (um dia), Quito trabalhou fisicamente a atriz, propondo uma série de exercícios. Quando a atriz estava à beira do esgotamento, Quito começou a fazer uma seqüência de perguntas sobre Joana D'Arc, para que Ana respondesse rapidamente, sem pensar. A idéia era tirar qualquer resistência da atriz, qualquer imagem formada, e fazer o imaginário sobre Joana fluir livremente.

No entanto, Ana não se entregou ao exercício, não conseguiu responder naturalmente. A cada pergunta, ela parava, pensava e só então respondia, sem muita originalidade. Quito pediu então para que Ana contasse a história de Joana D'Arc. O resultado do exercício foi constrangedor. Ana montou uma narrativa fria, sem emoção, sem inflexões, simplesmente uma história tirada de um livro. A personagem Joana D'Arc de Ana era perfeita, monótona, plana. Por mais que Quito tentasse destruir essa imagem de Joana, a atriz não permitia e sempre idealizava a personagem.

O *workshop* de Quito mostrou claramente a fragilidade de nosso processo. Após dois meses de ensaio, a atriz continuava presa a uma imagem fixa de Joana D'Arc, e não trazia nenhuma novidade em termos de construção da personagem. O sintoma claro de nossa crise foi o problema na coluna da atriz, que interrompeu o *workshop* e, momentaneamente, os ensaios. É difícil dizer até que ponto o problema físico da atriz, claramente uma flutuação, foi causado pelo próprio processo, como decorrência de uma resistência emocional ou então de uma má preparação física da atriz.

O fato é que no *workshop* de Quito o imaginário de Ana sobre Joana D'Arc ficou muito claro, assim como também ficou claro que tal imaginário não me interessava. Mais uma vez fui levado a pensar em desenvolver um primeiro tratamento iconoclasta, que destruísse o imaginário idealizado de Ana a respeito de Joana. Nesse sentido, o texto teria que ser, ele próprio, uma flutuação dentro do processo, gerador de instabilidade e novos caminhos. A resistência da atriz fundadora do processo teria que ser rompida de algum modo, sem que, no entanto, sua coluna rompesse junto.

O terceiro *workshop*, do cineasta e psicólogo Tales Ab'Sáber, centrou-se mais na figura da historiadora. O *workshop* teve a duração de dois ensaios. No primeiro, Tales promoveu uma sessão de análise com Ana[3], fazendo com que ela contasse tudo o que tinha acontecido no processo até então e como ela via esse andamento. A partir dessa entrevista, Tales trouxe um pequeno texto dramático escrito por ele, como se fosse uma cena da peça.

Para ensaiar essa cena, Ana teria a companhia de um ator e de uma outra atriz. O texto de Tales não previa com exatidão o número de atores necessários. Essa configuração de duas atrizes e um ator seguia o estipulado pelos agentes do processo (atriz, dramaturgo, cenógrafa) após os dois primeiros *workshops*. A configuração se afastava da prevista no pré-texto (um ator e uma atriz), mas se mostrou muito interessante no *workshop* de Flávia Pucci, e foi adotada pelo processo. Tanto o ator quanto a atriz que participaram do *workshop* de Tales não eram os mesmos do *workshop* de Flávia, e também não permaneceram no processo.

A cena de Tales apresentava a seguinte situação: a historiadora Joana passa por um momento limite em sua vida, no qual está pressionada por inúmeros problemas pessoais e profissionais, entre eles, o andamento de sua tese (onde estavam Portugal e Espanha durante a guerra dos cem anos?), a pressão do seu namorado, questões financeiras, a relação com a sua mãe etc. Sua secretária eletrônica está cheia de mensagens, que a pressionam ainda mais. Há um jogo dramático entre as falas de Joana e as mensagens da secretária.

A cena de Tales foi assimilada de diversas maneiras pelo dramaturgo na escrita do primeiro tratamento, como por exemplo:

• (cena do *workshop*)

        Marcos podia entender
Eu preciso escrever,   eu não posso ver televisão tenho que escrever
        Não é triste, é apenas a forma que as pessoas vivem hoje.

    (primeiro tratamento)
não tenho uma bússola para me guiar, geralmente estou em meio a
e cada dia aumenta mais, e só em pensar que todo esse desejo, toda

---

3. A sessão teve a presença do dramaturgo como observador.

um engarrafamento, de carros, de imagens, de palavras. Não é triste, *essa paixão nunca vai se satisfazer, que eu nunca vou te tocar, eu* é apenas a forma que as pessoas vivem. Cada um precisa fazer a sua...[4]

Essa cena corresponde aos monólogos simultâneos de Joana e do PRETENDENTE. É o momento em que Joana verbaliza todos os tipos de pressões pelas quais passa. Há uma clara influência da cena do *workshop*, não só no espírito dos diálogos, como até no aproveitamento das falas.

- Na cena de Tales, a historiadora não pesquisa diretamente Joana D'Arc. A sua tese (história de Portugal e Espanha) a leva à personagem. O mesmo ocorre no primeiro tratamento. Joana primeiro estuda a vida e a obra de Christine de Pisan, poetisa e historiadora medieval. A figura de Christine surgiu no processo durante a pesquisa histórica acerca de Joana D'Arc, empreendida pelo dramaturgo. Christine era contemporânea de Joana, e a última poesia escrita por ela antes de sua morte foi uma elegia a Joana D'Arc. Nesse sentido, Christine de Pisan seria utilizada dramaticamente como uma ponte entre a historiadora e Joana D'Arc, montando a seguinte estrutura: a historiadora pesquisaria a biografia de uma outra historiadora, que também foi poetisa na Idade Média, e, através do seu último poema, chegaria a Joana D'Arc. A ponte dramática, concebida por Tales, e assimilada pelo dramaturgo, propunha uma estrutura dramática sedutora, com Joana D'Arc surgindo no meio da peça e crescendo de tal maneira em seu decorrer que, ao final do espetáculo, ela dominaria totalmente o espaço cênico e dramático. Desse modo, a peça mostraria a passagem da historiadora, plena no início, para Joana D'Arc, plena no final. A ligação entre Joana D'Arc e a historiadora não seria dada *a priori*, ao contrário, seria constituída gradualmente durante a peça.

- As "vozes" da secretária eletrônica na cena de Tales foram assimiladas de maneira plena pelo dramaturgo, haja visto o desenho dramático da personagem ELA, que liga para Joana e se transforma em uma voz absolutamente presente na vida da historiadora.

É interessante notar que a natureza do *workshop* de Tales foi diferente das anteriores. Isso porque, enquanto Flávia e Quito construíram seus trabalhos quase que aleatoriamente ao andamento do processo, Tales, em seu primeiro dia, por meio de uma sessão de análise, se inteirou da história do processo por um de seus principais agentes, a atriz. Essa história, mesmo que fosse completamente diferente da his-

---

4. No texto da peça, cada personagem possui a sua própria fonte (tipo de letra). Na análise do primeiro tratamento, essa característica será melhor analisada.

tória do dramaturgo, ou da cenógrafa, foi construída por uma agente central do processo, e foi a partir dela que Tales elaborou a sua cena. Logo, a flutuação Tales foi estimulada por elementos internos ao processo e, quem sabe, a força dramática de sua cena só tenha sido possível devido à sua leitura perspicaz do testemunho dado pela atriz.

Em suma, o *workshop* de Tales, se não chegou a provocar uma crise, como no *workshop* de Quito, foi importantíssimo ao vislumbrar novas possibilidades dramáticas, as quais foram devidamente assimiladas pelo dramaturgo.

Finalmente o quarto e último *workshop* foi ainda menos aleatório do que o anterior. Ele foi dirigido pela cineasta Rossana Foglia e pela cineasta e fotógrafa Ana Cabezas.

Rossana era uma das três agentes iniciais do processo – como cenógrafa e diretora de arte – tendo acompanhado todos os ensaios, nos quais ocupava uma função diretiva. Já Cabezas era a fotógrafa do projeto, que acompanhou alguns ensaios, fotografando-os. Nesse sentido, ao final dos *workshops*, tivemos três naturezas distintas de flutuações:

1) Flávia e Quito: não aleatórias (foram convidadas e tiveram acesso a um documento do processo, o seu pré-texto) e externas (originadas a partir de elementos externos ao processo).
2) Tales: não aleatórias e externas-internas (originadas a partir de elementos externos em diálogo com internos).
3) Rossana e Cabezas: não aleatórias e internas (originadas a partir de elementos internos ao processo).

O *workshop* de Rossana e Cabezas concentrou-se no aprofundamento da personagem dupla Joana e na criação de novas imagens. As diretoras escreveram duas cenas. Na primeira, Joana, afundada em papéis e documentos, se revolta com a sua situação, com a sua pesquisa e com a condição do historiador. Na outra cena, com o mesmo cenário de papéis amontoados, Joana se liberta e se transforma na heroína Joana D'Arc, por meio de um monólogo arrebatador, o qual foi assimilado integralmente pelo dramaturgo, que o manteve intacto até a última versão do texto. Eis o monólogo:

> Mais do que uma simples camponesa que ajudava os pais e criava ovelhas
> UMA LEOA
> Mais do que uma discípula do Rei Carlos
> UMA ESTRATEGISTA
> Mais do que ouvir vozes
> UMA LOUCA
> Mais do que uma guerreira
> MATADORA
> Mais do que uma virgem
> MULHER

Mais do que vestir roupas de homens
ANDRÓGINA SEMI-DEUS
Mais do que uma jovem acossada por padrecos
BRUXA
Mais do que um corpo queimado em praça pública
TOCHA HUMANA
Mais do que uma santa
Muito mais do que uma santa
DAMA DE PAUS RAINHA DE FOGO

A flutuação desse *workshop* no processo foi fundamental para a sua história. O seu impacto foi tal, que Rossana e Cabezas passaram a ser as diretoras do espetáculo, apoiadas pelo dramaturgo e pela atriz. Em seu *workshop*, elas apresentaram um pré-projeto de encenação, baseado na "justaposição", ou seja, sempre haveria dois ou mais elementos cênicos ou dramáticos em ação, interagindo, mas mantendo cada um a sua independência.

O conceito de "justaposição" influenciou a utilização da imagem cinematográfica em cena, justaposta à encenação dos atores e influenciou também o texto dramático estruturado em monólogos, que, justapostos, articulariam os diálogos.

Portanto, em termos de relevância para o processo, esse último *workshop* foi onde ocorreu, talvez, a maior flutuação, afinal ele provocou a mudança de um mecanismo interno: não haveria mais diretores flutuantes, mas duas diretoras fixas. Com certeza, um novo caminho iria ser trilhado.

É difícil dizer até que ponto os diretores flutuantes e seus *workshops* influíram no resultado final do espetáculo. Entre a ocorrência do último – de Rossana e Cabezas – e a estréia da peça, passaram-se sete meses e muitas crises posteriores. Nesse sentido, inúmeros elementos advindos dos *workshops* foram se diluindo em função do tempo. No entanto, mesmo que posteriormente abandonados, tais elementos foram construtores de outros, estando presentes na memória e na história do processo e sendo, portanto, percebidos em uma análise mais profunda.

Basta ler o texto e encontrar, aqui e ali, fragmentos, estilhaços e, às vezes, pedaços inteiros dos *workshops* espalhados ao longo da peça, desde a primeira até a sua quinta versão. Mesmo em termos de cronologia do processo, os *workshops* foram determinantes, pois quando terminou o último deles, o dramaturgo, repleto de informações, idéias e possibilidades, se afastou dos ensaios para escrever o primeiro tratamento do texto. Não é difícil perceber, nessa simples linha cronológica, a importância e o impacto dos *workshops*/flutuações:

Tempo 1 Peça sem diretor fixo.
Ensaios baseiam-se em improvisações.
Proposta de dramaturgia é o único texto da peça.

Tempo 2   Ocorrência dos *workshops*.

Tempo 3   Peça tem duas diretoras fixas.
Dramaturgo escreve primeiro tratamento.

Portanto, após um período de relativa turbulência causada pelos *workshops*/flutuações, o dramaturgo tranca-se em seu gabinete para escrever a primeira versão do texto. É o grande momento do autor-escritor.

Primeiro Tratamento

Foi escrito em maio de 1997, sete meses após a escritura do pré-texto dramático e mais de um ano após a entrada do dramaturgo no processo.

Apesar de nesse momento o processo contar somente com Ana como atriz, a trama foi desenvolvida para três atores: uma atriz para fazer ELA, outra para JOANA e um ator para desempenhar diversos papéis: Traficante, PRETENDENTE, Robert, Delfim, Sacerdote, Soldado, Inquisidor. Foi utilizada uma configuração que já existia no processo, nos *workshops* de Flávia Pucci e Tales Ab'Sáber, e que mostrou ser a mais interessante em termos de articulação dramática e espacial entre os atores. Na verdade, a opção pelo triângulo (duas mulheres e um homem) foi decidida em conjunto pela atriz, dramaturgo e cenógrafa, durante o período de *workshops*, não se configurando, portanto, como uma opção dramática individual do dramaturgo.

Resumindo, a história contida no primeiro tratamento é a seguinte: ELA, no dia de seu aniversário, liga para Joana. Não se sabe se é um trote ou se ELA realmente conhece Joana. O fato é que as duas começam a conversar pelo telefone, e Joana vai contando as suas histórias, seus amores, seus problemas, sua tese sobre Christine de Pisan. Enquanto isso, um pretendente se declara apaixonado por Joana, que o ignora. Joana lê uma poesia de Christine para ELA, a qual faz Joana perceber a figura de Joana D'Arc, central na poesia. Joana, sempre instada por ELA, passa a pesquisar a figura de Joana D'Arc. Aos poucos, a história de Joana, a historiadora, começa a confundir-se com a da heroína francesa. Diversos homens passam por essa história cruzada. Joana, sempre ao telefone, deixa-se envolver por ELA. No auge do envolvimento, Joana se declara apaixonada por ELA, a qual desliga o telefone, abandonando Joana. Ao final, já não é possível distinguir a historiadora da heroína, e Joana perfaz os famosos passos: inquisição e fogueira.

O tema principal é a solidão e a dificuldade de se relacionar com o outro. A questão da solidão está presente nas discussões do processo desde os primeiros ensaios, principalmente em torno da polaridade "solidão/não solidão" em relação a Joana D'Arc. Tal polaridade foi eleita pela atriz/dramaturgo/cenógrafa como central na construção do espetáculo. Tendo essa premissa em mente, o dramaturgo construiu o primeiro tratamento, fazendo com que essa questão estivesse presente em todas as relações da peça:

- Joana e ELA se relacionam, mas não ocupam o mesmo espaço. Nunca se vêem, pois sempre falam ao telefone.
- Joana e todas as personagens masculinas ocupam o mesmo espaço, mas nunca se relacionam, pois Joana está só interessada em sua tese sobre Christine de Pisan ou em sua missão divina de unificar a França.
- Joana se relaciona com Joana D'Arc, apesar da distância temporal entre as duas. Relação virtual.

Nenhuma relação se concretiza, seja espacial, temporal ou emocionalmente. Essa impossibilidade de relacionar-se, de haver um contato real entre as personagens, dialoga de maneira direta com a justaposição concebida pelas diretoras. Individualidades, projetos, vontades, falas, sentimentos e desejos não se interpenetram, mas se justapõem.

Outra característica desse primeiro tratamento, que permaneceu por todo o processo, foi a pesquisa de diagramação efetuada pelo dramaturgo. Não há indicação do nome da personagem que fala. Sabemos quem está falando pela fonte utilizada. Ao total, são quatro fontes; as três de cada personagem e a utilizada para rubricas. As fontes utilizadas são as seguintes: JOANA, ELA, *Personagem Masculina*, *rubricas*. Abaixo, um trecho do texto que mostra a manipulação das fontes:

Não há dúvidas. Em nome de Deus, afirmo que essa mulher é imaculada, nunca foi tocada por nenhum homem, e portanto está apta a dirigir o nosso exército sob a proteção divina de nosso Senhor. Deus salve a França. Amém.
(Personagem masculina)
O SACERDOTE se retira, após o pronunciamento. JOANA permanece deitada. (rubrica)
Você nunca... (ELA)
Isso mesmo. Eu sou virgem. (JOANA)
Quantos anos você tem? (ELA)
Trinta e um. (JOANA)

Essa pesquisa dialoga com a busca de um espaço de indeterminação, já descrito na análise de *Narraador*. A utilização de fontes diferentes para cada personagem não indica um caminho específico a ser trilhado, mas deixa no ar diversas questões: Por que cada personagem tem uma fonte diferente? Qual a relação entre fonte e personagem? O que cada fonte pode propor ao ator em termos de construção da personagem?

Apesar de propor essa pesquisa, o dramaturgo não tem as respostas a essas perguntas. Ele deixa essas questões para serem pensadas e trabalhadas pela direção e pelos atores. É essa exatamente a idéia. Criar um espaço aberto, um vácuo a ser preenchido pelos agentes do processo. O dramaturgo propõe o jogo, mas quem o joga são os atores e a direção. Ao dramaturgo cabe suscitar os elementos que enriqueçam a construção do espetáculo por parte dos agentes envolvidos no processo.

Não obstante, o dramaturgo, ao propor o jogo, tem uma participação fundamental. É ele que escolhe as fontes. De um certo modo, as fontes refletem certas características que o dramaturgo acredita estarem presentes em suas personagens. A fonte da personagem masculina, por exemplo, é um tipo cursivo e delicado, sendo que tais características podem propor uma leitura romântica da personagem. Mas são os atores que irão dar a última leitura sobre as fontes. É a eles, principalmente, que a pesquisa se destina. Enfim, são eles que irão preencher o vácuo deixado pelo dramaturgo e, nesse sentido, propiciar uma evolução do processo.

Ainda em relação a espaços de indeterminação, vale ressaltar que nesse primeiro tratamento vários diálogos estão indicados e não desenvolvidos, para serem trabalhados em ensaios. O dramaturgo, dessa forma, deixa vários momentos lacunares no texto, para serem preenchidos à medida que o processo avança. Por exemplo, a descrição que Joana faz de ELA:

> Joana se deita no sofá e descreve ELA em seus mínimos detalhes. Cabelos, olhos, pele, altura, traços, postura, enfim, um verdadeiro retrato falado...

Essa cena só teve a fala de Joana incluída no texto a partir da quarta versão. Vários outros diálogos e ações também foram se definindo em versões posteriores. De um certo modo, o primeiro tratamento se caracterizou como o início do jogo dramático, sem a necessidade de apresentar um texto integral.

Logo que o primeiro tratamento ficou pronto, houve uma leitura dramática do texto, envolvendo pessoas ligadas ou não ao processo. Várias críticas foram levantadas, entre elas:

- Falas de Joana são didáticas demais. Personagem é pouco dramática; quase não há ações que mostrem as suas angústias. Sabemos dela pelo que Joana diz e não pelo que Joana faz.
- A transformação da historiadora em Joana D'Arc não tem força. Não se sente uma mudança, um divisor de águas, uma barreira que a personagem precise atravessar para efetuar essa transição.
- Personagem do traficante mal construída.
- Relação entre ELA e Joana está igual sempre, não há uma progressão dramática.
- Texto maçudo demais (longo e pesado).

Mas a principal repercussão causada pelo texto foi sentida pela atriz fundadora do processo, Ana Tabet. Uma das questões centrais do dramaturgo na escritura dessa primeira versão era quebrar a imagem de Joana D'Arc, dessacralizá-la. Apesar de não ser uma versão iconoclasta, existiam vários elementos polêmicos ao longo do texto. Um deles era a paixão que ELA despertava em Joana. A atriz teve uma reação absolutamente negativa a essa relação, a ponto de dizer que não interpretaria uma "Joana homossexual". Mais uma vez a atriz se mostrava resistente em quebrar a sua imagem idealizada de Joana D'Arc. Como resolver isso?

Não obstante, apesar desse impasse, o processo se manteve em movimento. O ator que leu a personagem masculina na leitura dramática foi convidado a participar do projeto e aceitou. Uma outra atriz foi convidada para fazer ELA e também aceitou. Tínhamos o elenco completo, para uma nova fase de ensaios, já com um texto.

Um enorme ruído, porém, veio à tona, com o nome de Festival de Teatro do Sesc. Os integrantes do processo foram favoráveis em participar da seletiva ao festival, sendo que algumas cenas foram escolhidas pelas diretoras para serem apresentadas à banca de seleção. Esse ruído mudou completamente a rotina de ensaios. De discussões, esboços, primeiras abordagens de cena, passamos a ensaiar como se estivéssemos em ritmo de estréia, dando um aspecto quase que final à encenação das cenas que iriam ser apresentadas.

O dramaturgo se colocou de maneira plena como autor-espectador, acompanhando atentamente a evolução dos ensaios e já propondo modificações em relação ao texto das cenas ensaiadas.

A peça não foi selecionada para o Festival do Sesc, mas, após essa bateria intensa de ensaios, grande parte da peça estava bem modificada dramaticamente em relação ao texto da primeira versão. Momento ideal para uma segunda versão.

Segundo Tratamento

Foi escrito em junho de 1997, um mês após o primeiro tratamento. Nessa nova versão, pode-se destacar a sensibilidade do dramaturgo aos comentários e críticas emitidos após a leitura dramática do texto. Muitos pontos foram retrabalhados em função das críticas:

- Enxugamento do texto: o primeiro tratamento tinha 34 páginas. O segundo tem 28. Houve um corte de quase 20% do texto.
- O Traficante foi suprimido: sendo a primeira personagem masculina a surgir, deveria ser mais forte, o que não ocorria. Agora, o PRETENDENTE é o primeiro a surgir, sendo também quem encerra a peça, pois, de todas as personagens masculinas, o PRETENDENTE é a mais dramática e a que mais se relaciona com Joana.

Nesse novo tratamento, quase não há mais referências ao telefone no interior da peça. Só a primeira ligação e o desligar do telefone no final. Fora isso, a personagem ELA entra naturalmente em cena, sem a introdução do toque do telefone, e sai naturalmente, sem ter que desligá-lo. Assim temos:

> (primeiro tratamento)
> ... Daqui a cem anos, o que vai permanecer, o músico ou o dedo-duro? O documento sonoro ou o embate político?
> *Toca o telefone. Joana atende ansiosa.*
> Alô?
> Christine de Pisan.
> Exatamente.
> É ela que te interessa?

> (segundo tratamento)
> ... O documento sonoro ou o embate político?
> Christine de Pisan... É ela que te interessa?
> Exatamente.

Há uma fluidez maior no texto, sem a necessidade de sempre introduzir o diálogo das duas pelo telefone. Além disso, abre-se um novo espaço de indeterminação, pois a ausência dessa mediação telefônica pode significar:

a) uma convenção do autor, pois já se sabe que as duas falam ao telefone, logo não é necessário sempre explicitar o uso do telefone quando há diálogo entre as duas.

b) ELA não desliga o telefone; simplesmente pára de falar, mas permanece conectada, para voltar a qualquer hora, assim como Joana também não desliga, está sempre à espera da volta de ELA. Dessa forma, ELA acompanha, sonoramente, toda a trajetória de Joana com as personagens masculinas.

Qual das duas possibilidades é a correta? Mais uma vez, o dramaturgo deixa essa discussão para atores e direção. Procura não responder a nenhuma questão. O texto tem que levantar problemas e não resolvê-los. Quanto maior o número de questões suscitadas pelo texto, melhor. Não se trata de uma retração no espaço de atuação do dramaturgo e nem de um desejo do dramaturgo de se colocar fora do processo, mas de uma estratégia que visa a interação como forma de evolução. Deixando questões em aberto para serem resolvidas pela direção e pelos atores, o dramaturgo espera por novas soluções, diferentes das que havia pensado, para aproveitá-las numa evolução do texto dramático.

Uma outra mudança que vale a pena registrar é a cena do Soldado com Joana. Durante os ensaios com o primeiro tratamento, uma improvisação do ator nessa cena foi assimilada integralmente pelo dramaturgo.

> (primeiro tratamento)
> JOANA *chora, ajoelhada, as mãos escondendo o rosto.*

O SOLDADO inglês se aproxima de JOANA, e sem que ela perceba, lhe beija docemente a cabeça.

(segundo tratamento)
*JOANA chora, ajoelhada, as mãos escondendo o rosto.
O SOLDADO inglês se aproxima de JOANA, pega a sua espada, e sem que ela perceba, se prepara para golpeá-la.
Porém, ele também hesita, e aos poucos, abaixa a espada.*

Ao invés de beijar Joana, como o texto previa, o ator resolveu golpeá-la. Essa improvisação provocou um resultado cênico interessante, pois tornava ambígua a relação de amor entre Joana e o Soldado. Até que ponto ele a ama, ou simplesmente finge para derrotá-la?

Tal como essa, os atores realizam inúmeras improvisações durante os ensaios. O autor-espectador tem que estar atento para filtrar quais realmente significam uma evolução dramática, propondo algo novo e tornando a cena mais interessante do que a escrita no texto. É uma filtragem difícil, sem parâmetros muito rígidos. Cabe ao dramaturgo pesar a validade ou não da mudança e seu impacto dentro da obra como um todo. Pois uma pequena mudança numa cena ressoa por toda a peça e essa ressonância tem que ser bem avaliada para decidir se a mudança é cabível ou não.

Talvez a principal evolução dramática desse segundo tratamento tenha sido em relação à personagem masculina. Ela foi revestida de um peso bem maior e sua relação com Joana cresceu sobremaneira. Agora, todas as personagens masculinas se relacionam amorosa e sexualmente com Joana. O PRETENDENTE é apaixonado, o Delfim se deixa seduzir, o Soldado a deixa apaixonada, o Sacerdote a toca em seus genitais e o Inquisidor a assedia sexualmente. Essa característica sexual da personagem masculina se, por um lado, reforça o elo de ligação entre as duas personagens (Joana e o Homem), por outro lado, atenua um pouco a ligação entre Joana e ELA.

Dois fatores motivaram o dramaturgo nessa guinada:

1) A forte presença de Guilhermino, o ator, nos ensaios, sempre propondo novos caminhos e possibilidades dramáticas.

2) A resistência de Ana em interpretar Joana seduzida por uma mulher. Desde a leitura do primeiro tratamento, Ana não aceita a ligação de Joana D'Arc com o homossexualismo. Essa crise tinha que ser contornada nesse segundo tratamento, pois um impasse havia sido criado. Nesse sentido, ao invés de enfraquecer a relação entre as duas, o dramaturgo preferiu fortalecer a relação entre Joana e a personagem masculina. Assim, Joana pode se sentir atraída por ELA e por ele ao mesmo tempo, aumentando a indefinição da personagem e sua extrema sensibilidade a estímulos. De qualquer forma, o dramaturgo acabou cedendo à atriz, pois retirou do texto a declaração de amor de Joana para ELA. Agora tudo é mais sutil entre as duas.

É difícil dizer se a atenuação da relação entre ELA e Joana foi um ganho ou não para a dramaturgia. O único dado concreto é que a principal crítica à segunda versão, feita pelos envolvidos no processo, foi o enfraquecimento da personagem ELA. Portanto, uma flutuação interna (resistência da atriz) causou uma instabilidade dramática no processo e o dramaturgo tem que pensar em como lidar com isso no terceiro tratamento.

Terceiro Tratamento

A terceira versão do texto surgiu mais como o resultado da inquietação do dramaturgo do que propriamente por exigência do andamento do processo. Ela foi escrita em agosto de 1997, dois meses após a segunda versão. O fato é que houve um número reduzido de ensaios nesse período, pois Ana se submeteu a uma cirurgia na coluna, o que exigiu um período de repouso de um mês.

Mais uma vez a coluna da atriz originou uma flutuação no processo, assim como ocorrera no *workshop* de Quito. Dada a força dessa flutuação dentro da história do processo, foi introduzida uma dor nas costas da personagem Joana no terceiro tratamento. Esse dado biográfico de Ana e do processo dialoga de maneira direta com a angústia e as pressões por que passa Joana, como também trata-se de um elemento contemporâneo de profissões sedentárias, como a de historiador; além disso, mantém a tendência inicial do dramaturgo de aproximar as trajetórias da atriz e da personagem.

Outra flutuação, que deixou o processo semi-estagnado nesse período entre o segundo e o terceiro tratamento, foi a desistência da atriz que interpretava ELA de permanecer no projeto. Só algumas semanas depois é que uma nova atriz se integrou ao grupo.

Essas flutuações não permitiram que o segundo tratamento fosse suficientemente digerido e assimilado para já se propor uma nova versão do texto. No entanto, um desejo pessoal do dramaturgo, insatisfeito com a segunda versão, acelerou esse andamento.

A recepção dos envolvidos no processo a esse novo tratamento foi absolutamente conturbada. Ninguém ficou satisfeito. Rossana, a diretora, o julgou precoce, desnecessário. Cabezas, a outra diretora, achou que a personagem ELA enfraqueceu ainda mais. Guilhermino, o ator, achou o texto problemático, principalmente as rubricas, que davam um tom lento e reflexivo demais à peça. Já Ana considerou os monólogos excessivamente longos e pesados. Enfim, o texto provocou diversas reações negativas; por outro lado, provocou também inúmeras discussões em torno da peça.

"Do que estamos falando? Qual o tema central da peça? Como falar sobre isso? Como encenar isso? Qual a importância de se montar essa peça hoje? O que ela realmente tem a dizer?", foram algumas das questões levantadas. Em suma, a terceira versão foi o estopim de uma saudável turbulência dentro do processo.

Foi a versão pior recebida, mais discutida, mais criticada, mais refletida, e, portanto, a mais importante do processo. Nenhuma versão anterior suscitou tanta aversão, discussão e polêmica quanto essa. Enquanto ela foi a vigente, antes da quarta versão, o processo passou por períodos de extrema instabilidade, em que inúmeros caminhos eram possíveis de serem trilhados.

Uma das mudanças mais significativas do terceiro tratamento foi em relação à personagem masculina. Agora, ao invés de representar diversos papéis, o ator interpreta somente uma personagem: o PRETENDENTE. Essa idéia surgiu durante um ensaio da cena do Delfim. As diretoras propuseram duas leituras para a cena: uma sedutora e outra patética. Em ambas as leituras o Delfim, interpretado pelo ator, ficou muito próximo do PRETENDENTE, o qual apresentava, em sua relação com Joana, essas duas características, sedutora e patética. Veio então a idéia: Que tal apenas uma personagem masculina, no caso, o PRETENDENTE, que sempre foi a mais forte entre todas? Desse modo, não haveria mais o Delfim, o Soldado, o Sacerdote e o Inquisidor. O PRETENDENTE interpretaria todos esses papéis, como se ele representasse o eu masculino na peça, sob a ótica de Joana.

Essa mudança fortalece ainda mais a personagem masculina, pois a corporifica em uma só pessoa, lhe dá uma história, um passado, uma identidade, o que era muito difícil antes com uma personagem pulverizada em diversas pessoas. Fortalecendo a personagem, individualizando-a, fortalece-se também o triângulo, agora mais claro: ELA – Joana – PRETENDENTE.

Além disso, a opção pela personagem única masculina abre mais um espaço de indeterminação dentro do processo: Por que o PRETENDENTE se faz passar pelas outras personagens (Delfim, Soldado, Inquisidor, Sacerdote)? Para estar perto de Joana? Para servir as fantasias de Joana? Ou será que é Joana que o vê em todas as personagens? Será que o PRETENDENTE existe ou é uma projeção de Joana? Será que Joana sabe que é o PRETENDENTE que se faz passar por todos, ou ela está tão absorta em sua "missão" que nem percebe?

Enfim, mais uma vez o bordão: quanto maior o número de questões suscitadas, melhor para o processo. Nesse sentido, a individualização do PRETENDENTE pode ser considerada uma evolução dramática do texto.

Outra clara evolução foi na cena do Delfim (agora PRETENDENTE):

(segundo tratamento)
O que eu posso fazer? Não tenho poder algum.

Logo terá. Deixe-me liderar o seu exército e libertaremos Orleans do cerco inglês.

Mas temos excelentes comandantes. Dunois, La Hire. O que você pode fazer a mais do que eles?

Não duvido da capacidade de seus bravos soldados, mas eu tenho algo mais. Deus está do meu lado. E com ele do nosso lado seremos imbatíveis. Senhor, dê-me o seu exército, não tens nada a perder... Que lhe parece?

(terceiro tratamento)
O que eu posso fazer? Não tenho poder algum. Nunca tive.
Mas terá. Deixe-me liderar o seu exército e logo libertaremos a França do domínio inglês. Deus está do meu lado. E com ele seremos imbatíveis.

O PRETENDENTE *silencia, totalmente absorto em seus pensamentos. Com extrema delicadeza,* JOANA *passa a "moldar" o* PRETENDENTE, *como se este fosse uma escultura em argila.* JOANA *o delineia em uma postura mais altiva, mais nobre. Transforma o* PRETENDENTE *em um verdadeiro rei.* JOANA *sussurra, com a voz mais doce do mundo.*

Apenas confie em mim, meu caro e querido delfim. Não há no mundo alguém que queira o seu bem tanto quanto eu. Daria a minha própria vida por sua glória.

Enquanto no segundo tratamento a persuasão de Joana era essencialmente verbal, no terceiro há um jogo físico, uma ação mais instigante do que o mero diálogo. Não se pode deixar de registrar o modo como essa cena se modificou. Tudo se deveu a um lapso do ator. Durante o ensaio, Guilhermino esqueceu uma fala, a dos comandantes Dunois e La Hire. A atriz esperou pela fala, não sabia se ele tinha esquecido ou se era uma pausa mais longa. Isso provocou um momento de silêncio, reflexão, que fez a atriz se aproximar dele e improvisar a cena da "moldagem". Mais uma vez um lapso, um ruído, provoca uma mudança, sendo que o autor-espectador tem que estar absolutamente sensível a esses ruídos e utilizá-los como fator de evolução em seu texto.

Uma das prioridades do dramaturgo nessa versão foi propor a evolução dramática da personagem ELA. De acordo com o texto, pouco se sabe a respeito d'ELA. Apenas o que diz em seus monólogos inicial e final. No restante da peça, ELA instiga Joana a falar e a agir, sendo que ELA própria nunca se expõe, só faz a outra se abrir. Nesse sentido, o dramaturgo buscou encontrar o tempo da personagem, o seu ritmo, o seu modo peculiar de falar que dialogasse com tais características.

(segundo tratamento)
Hoje é o meu aniversário... 35 anos. Talvez eu devesse comemorar. De algum modo. Quando eu fiz 25, eu tive a idéia de me gravar.

(terceiro tratamento)
Hoje é o meu aniversário... 35 anos.
Talvez eu devesse comemorar... De algum modo.
Quando eu fiz 25... Eu tive a idéia de me gravar.

(segundo tratamento)
Vejam só. O dia já amanhece. O meu aniversário... terminou. Agora tudo volta ao normal.

(terceiro tratamento)
Vejam só... O dia já amanhece.
O meu aniversário... terminou.
Agora... Tudo volta ao normal.

O dramaturgo aproveitou uma tendência da personagem ELA, as suas frases lacunares e reticentes, e radicalizou essas características em termos de diagramação. Sem dúvida, isso seria um bom material de estudo para a atriz que havia acabado de entrar no processo para fazer o papel de ELA.

Como encontrar esse ritmo? Como interpretar essa diagramação? O que esse modo de falar propõe em termos de construção da personagem? Como interpretar essas reticências?

Outra característica das falas da personagem é a não diferenciação de pontuação; nunca há interrogação ou exclamação, somente o ponto final.

Pegar varetas... É o objetivo.
Mais ou menos. Até conta pontos, mas o que realmente interessa é pegar a vareta preta. Essa sim é valiosa.
Você... É boa nisso.
Já fui melhor. Mas gosto de me manter em forma.
Sendo assim... Posso desafiá-la.

A sua avó... Ainda vive.
Não. Morreu há alguns anos. Derrame.
Você... Sente falta dela.
Muito. Era a minha melhor amiga. Não havia segredos entre nós duas.
E não houve nenhuma outra... Confidente.
Você.
Eu... Você realmente confia em mim.

Não há perguntas diretas, embora ELA esteja o tempo todo sondando Joana. Não fica claro se ELA confirma ou pergunta algo. Surge mais um espaço de indeterminação, e cabe à atriz encontrar o tom das falas. Como fazer isso? Como perguntar sem o tom interrogativo?

Na verdade, a idéia era fazer com que a atriz construísse a personagem juntamente com o dramaturgo, por meio da pesquisa de como interpretar essa personagem lacunar, reticente e não interrogativa, nem exclamativa. Essa pesquisa poderia levar a atriz a descobrir novos elementos sobre ELA, que ajudariam o dramaturgo a desenvolver melhor a personagem.

No entanto, com o decorrer dos ensaios esse espaço de indeterminação não encontrou respaldo na direção e, conseqüentemente, na atriz. As diretoras achavam a personagem ELA cada vez mais vazia, "chegando ao cúmulo de não possuir nem mais pontuação". Já a atriz se sentia completamente desorientada, pois não sabia como dar forma à personagem, dada a extrema abertura de caminhos possíveis de construção. ELA poderia ser qualquer coisa, e isso angustiava a atriz, que gostaria de ter uma personagem mais definida, ao invés de ter um leque tão aberto de ELAS.

A tentativa do dramaturgo em construir a personagem juntamente com a atriz foi, nesse caso, frustrada. Decorridos dois meses de ensaio com a terceira versão, muito pouco havia evoluído em termos de construção da personagem; ao contrário, cada vez havia mais dúvidas e incertezas quanto à ELA. Só que agora estávamos apenas a dois meses da estréia, e o momento já era de definição. Opções teriam que ser tomadas. Nesse sentido, o processo exigiu uma nova versão, que pudesse dar conta das questões dramáticas pendentes, visando a estréia do espetáculo.

Quarto Tratamento

Como elaborar um novo tratamento, a dois meses da estréia, que apresentasse novidade, dialogasse com os problemas do processo e não quebrasse a espinha dorsal do trabalho que as encenadoras e o elenco vinham delineando? Não há tempo hábil para uma forte instabilidade que mude o andamento do processo. Um alto grau de instabilidade, a essa altura, poderia provocar uma estréia insatisfatória e um início de temporada inseguro, o que seria danoso em termos de continuidade do processo.

O quarto tratamento, portanto, teria que dar conta de todas essas questões, tendo de ser um texto que se caracterizasse como uma evolução em relação ao texto anterior, sem, no entanto, modificá-lo radicalmente.

Nesse sentido, procurei elaborar um tratamento o mais orgânico possível para o andamento do processo, ao contrário da primeira versão, quando busquei o conflito e a negação de diversos aspectos surgidos durante o processo. Agora, o que interessava acima de tudo era a busca do equilíbrio, necessário para uma boa estréia.

Como poderia trazer novidade sem que o impacto da novidade originasse uma turbulência, por menor que fosse? Refletindo sobre essa questão, cheguei a um possível caminho: a novidade seria extraída do próprio processo, de sua memória, a qual seria, sem dúvida, a fonte que me garantiria maior organicidade e coerência na elaboração desse novo tratamento. Seguindo esse raciocínio, estudei cuidadosamente todos os tratamentos anteriores e o meu caderno de anotações, tentando me aproximar ao máximo do passado, da memória do processo, no sentido de resgatar diversos elementos já surgidos e posteriormente abandonados, mas que poderiam ser reaproveitados nesse novo tratamento.

Enfim, utilizei o próprio processo como ferramenta de sua renovação, transformando-o num anel retroativo. Segundo Edgar Morin, o anel retroativo é um reforço do sistema sobre si próprio, fazendo com que o sistema se organize de maneira contínua, circular, num recomeço (o fim é sempre um novo início) ininterrupto[5].

O processo, na verdade, se realimentou pela ação do dramaturgo, que, como um observador interno, o transformou num anel retroativo. Essa transformação foi a estratégia adotada pelo dramaturgo para escrever a quarta versão, e não necessariamente trata-se do caminho natural de todos os processos.

Nessa análise da memória do processo, do ponto de vista da dramaturgia, surgiram várias questões interessantes, em especial o modo como a personagem ELA se configurou. Eis a sua evolução:

1) A peça primeiro se delineou como um monólogo de Joana. Logo, ELA não existia.

2) Num segundo momento, contemporâneo à escrita do pré-texto, surge a figura da personagem múltipla masculina, como contraponto a Joana. Portanto, ELA permanece não existindo.

3) Surge uma terceira personagem na trama; uma outra personagem múltipla masculina, além da já existente, só que interpretada por uma atriz. A idéia surgiu a partir do desejo dos agentes do processo em espalhar os signos de Joana D'Arc por todas as personagens e não trabalhá-los somente em Joana. Assim, uma mulher interpretaria diversos papéis masculinos, atraindo para si o signo da ambivalência sexual de Joana D'Arc. Essa personagem travestida se configurou no período entre o pré-texto e o primeiro tratamento, não sendo portanto documentada, a não ser em anotações. Podemos considerá-la o embrião de ELA.

4) Após o *workshop* de Tales, veio a idéia de transformar essa personagem múltipla masculina interpretada por uma mulher numa personagem única e feminina, que se vestisse, no entanto, como homem. A personagem seria apaixonada por Joana, sem que esta soubesse, e faria de tudo para conquistá-la, a ponto de a todo momento ligar para Joana, afim de orientá-la em sua pesquisa. Há uma forte ligação da personagem com as vozes da história de Joana D'Arc. ELA começa a ganhar contornos mais nítidos.

5) ELA nasce na primeira versão do texto. Não existe mais a motivação primeira da paixão, pelo menos aparentemente. Nem ELA se veste mais de homem. Não há mais a preocupação de que essa personagem incorpore o signo do travestismo de Joana D'Arc. A relação entre ELA e Joana passa a ser um jogo ambígüo de poder, influência e sedução, embora as duas nunca se vejam.

5. Edgar Morin, *O Método*, p. 176.

A percepção do movimento da personagem ELA ao longo da história do processo, aliada às críticas das diretoras em relação à crescente dissolução dramática da personagem, foram determinantes na elaboração da quarta versão, que privilegiou a busca de uma construção mais nítida para ELA. Várias foram as mudanças:

(terceiro tratamento)
Acadêmica... Que área.
História. Mas agora me diga. O que você quer comigo? É um trote?
Não, fique tranqüila... Não é um trote.
Então o que você quer?
Nada... Só saber o que você está estudando.

(quarto tratamento)
Acadêmica... Com uma tese.
E qual o tema?
O que você quer comigo? É um trote? Eu vou desligar.
ELA *faz um barulho imenso com algum objeto.*
Meu Deus! O que aconteceu?
Nada... Algo que caiu no chão.
Mas você estava me falando... De sua tese.
O que tem ela?
Qual o tema?

Só nesse exemplo, podemos citar três mudanças qualitativas na construção da personagem ELA:

- ELA joga mais ativamente com Joana, deixando de ser tão passiva como antes. Até o tratamento anterior tudo era resolvido verbalmente, agora não. ELA tem que jogar, mostrar suas artimanhas e conseqüentemente se expor mais. Desse modo, o jogo entre as duas se torna mais equilibrado e não tão unilateral como antes, quando só Joana se expunha. Muitas das ações e intenções incorporadas a ELA foram tiradas da memória do processo.
- As falas d'ELA deixam de ter só uma linha, como na versão anterior, e passam a ter mais estofo, mais informações. ELA fala mais, mostra-se mais.
- As suas falas voltam a ser acentuadas com interrogação ou exclamação. Nada foi criado ou pesquisado a partir do espaço de indeterminação originado pela não acentuação de suas falas, logo preferi facilitar o trabalho da atriz em construir a personagem ELA, deixando suas falas menos ambíguas.

A disposição da personagem ELA em jogar com Joana, ou pelo menos propor o jogo, aparece em várias outras cenas, sendo talvez a alteração dramática mais notada do terceiro para o quarto tratamento. Nesse sentido, vale registrar a evolução interessante da cena do jogo de varetas. No terceiro tratamento, Joana joga varetas e ELA, percebendo o jogo, pede para jogar. Como não estão no mesmo espaço, Joana joga por ELA. Já no quarto tratamento, mais ativa, é ELA quem propõe o jogo, e Joana aceita. É respeitado o espaço diegético e ainda Joana joga por ELA. Nos ensaios, porém, as diretoras quebraram a diegese espacial da cena e, agora, ELA, além de propor o jogo, joga também, como se estivesse no mesmo espaço de Joana, e não distante, ao telefone. Enfim, graças à intervenção da direção, ELA ficou ainda mais atuante, presente, dividindo inclusive, mesmo que virtualmente, o até então inacessível gabinete de Joana.

Além das alterações envolvendo a personagem ELA, o quarto tratamento apresentou, pela primeira vez, o texto da cena da descrição, a qual estava só indicada nas versões anteriores, sem ser desenvolvida. Nessa cena, Joana descreve ELA ao telefone, mesmo sem nunca a ter visto. É o grande momento de comunhão entre as duas personagens. No entanto, Ana, a atriz, desde o início do processo tinha uma grande resistência em fazer Joana se sentir atraída por ELA. Por isso, julguei importante que Ana construísse em ensaios essa descrição, fazendo com que ela própria produzisse esse texto de atração, de ligação com ELA, ao invés de simplesmente decorar um texto elaborado por um outro. Jo(Ana) tem que criar a sua própria relação com ELA. Durante os ensaios da cena, Ana construiu a seguinte descrição:

Cabelos curtos, olhos cheios de luz, pele muito branca, alta, esguia, como se pudesse tocar o céu. Sorriso aberto, franco, mãos ágeis, um pouco hesitantes; unhas que arranham, pés firmes, que pisam forte no chão. Você tem força, força nos braços, olhar direto, certeiro, postura altiva.

A partir da descrição apresentada pela atriz, refleti sobre a cena e percebi a importância de Joana não somente em elogiar ELA, como no texto acima de Ana, mas também atingi-la em seus pontos fracos e vulneráveis. É um momento de reconhecimento e de virada do jogo. Até esse ponto da peça, ELA é soberana. A partir da descrição, Joana se fortalece, equilibrando a relação. Abaixo, um fragmento da descrição desenvolvida em função dessas idéias:

... O teu corpo, longilíneo, flutuante, silencioso. Quase sem ruídos. Teu andar, tua respiração, imperceptíveis. O teu toque, o teu beijo, tão suaves quanto a tua voz, que vai hipnotizando, inebriando. Teus olhos observam e se observam sem parar; olhos grandes, tristes, sem ninguém pra olhar, nem mesmo a tua própria sombra. As minhas palavras são a tua melhor companhia. Você não desliga, permanece conectada a mim, ligada, pois no fundo você precisa de mim tanto quanto eu preciso de você.....

É difícil dizer até que ponto a construção do texto por parte da atriz a ajudou a quebrar sua resistência em fazer uma personagem atraída por uma mulher. Talvez não a tenha ajudado em nada, mas sem dúvida ajudou consideravelmente o dramaturgo a construir o texto da cena, pois foi a partir da observação das descrições da atriz em ensaios, que ele percebeu a importância de se inverter dramaticamente o jogo nesse momento, como forma de aprofundar ainda mais a personagem ELA. Dessa forma, Joana atinge pontos sensíveis d'ELA, a qual deixa de ser invulnerável e passa a se revestir de uma maior fragilidade, ou então, humanidade.

O quarto tratamento, escrito no final de outubro de 1997, foi o texto utilizado pelos agentes do processo durante os últimos ensaios até a estréia, marcada para dezembro de 1997. Foi um texto muito pouco criticado pelas diretoras e pelos atores. Nem muito elogiado tampouco. Simplesmente era o texto que iria dar conta do processo em sua reta final antes da estréia. Refletindo sobre a recepção do texto, acredito que a razão de sua tranqüila aceitação, sem ódios nem amores, deveu-se à sua característica retroativa. As novidades do texto eram idéias já existentes ou discutidas no processo, portanto, conhecidas de todos.

O anel retroativo é uma estratégia válida no sentido de se compreender a história do processo e utilizá-la como fonte de proposição para o prosseguimento do mesmo. De um certo modo, não deixa de ser interessante o texto da estréia ter sido criado a partir da história de sua elaboração.

Em suma, a construção do texto de *Do Gabinete de Joana* foi marcada pela experimentação de estratégias inspiradas pelo ideário contido no pensamento da complexidade. Espaços de indeterminação, *workshops*/flutuações e anéis retroativos são apenas algumas das possibilidades que o universo conceitual da complexidade pode proporcionar à criação dramática. E o teatro, devido ao seu aspecto vivo e mutante, apresenta-se como um espaço ideal para esse tipo de experimentação, de pesquisa.

No entanto, uma questão se coloca: como aliar uma pesquisa, cujos resultados são imprevisíveis (imprevisibilidade esta buscada pela própria pesquisa), a um produto cultural, que envolve uma produção onerosa, com data marcada para estréia e que será assistido por um público pagante, o qual deseja ver um bom espetáculo, independente do processo que o originou?

Em outros termos, como garantir a qualidade artística de um produto cultural marcado pela imprevisibilidade e instabilidade de sua produção? Como aliar pesquisa e mercado?

A Entrada do Público

A grosso modo, pode-se dizer que, durante um processo teatral, dois tipos distintos de audiência assistem à peça:

1) Audiência Primária: o diretor, o produtor, o autor-espectador, a equipe técnica, os atores[6] e todos os outros agentes envolvidos no processo de construção do espetáculo.
2) Audiência Secundária: o público do teatro durante o período de apresentações[7].

Dessa forma, a estréia do espetáculo é o momento de integração da audiência secundária ao processo. A peça deixa de ser assistida somente por pessoas que conhecem a memória do processo e passa a ser vista também por uma audiência cujo não conhecimento dessa memória não deve, de maneira alguma, afetar a sua fruição do espetáculo.

Para a audiência secundária, o processo é o que menos interessa. O produto (espetáculo) é o que está sendo apreciado. No entanto, mesmo dentro da audiência secundária, há um espectro diferenciado de público, que frui o espetáculo das mais diversas formas. Nesse sentido podemos destacar:

a) Público especializado: são os profissionais do meio que vão assistir à peça. Atores, dramaturgos, diretores, técnicos em geral. Apesar de não conhecerem a memória do processo, são íntimos do fazer teatral e geralmente constroem uma visão crítica do produto em relação ao processo. São comuns comentários do tipo: "Essa cena precisa ser mais trabalhada"; "A atriz errou na construção de sua personagem"; "Faltou uma preparação melhor na expressão corporal dos atores" etc. O produto é analisado sob a ótica de seu processo de produção.
b) Público especializado institucionalizado: são os críticos de teatro, que apesar de também não conhecerem a memória do processo, possuem uma experiência crítica profissional, que os tornam íntimos do assistir teatral e, pela observação, do fazer teatral. Sua fruição é em função do texto crítico que o espetáculo lhes proporciona. Sendo assim, o espetáculo é um instrumento para o exercício de sua expressão, no caso, a crítica. Outro fato importante em relação a este público, é que a sua fruição pode influir no processo, de acordo com a recepção de sua crítica pelos agentes envolvidos no processo.
c) Parentes e amigos dos agentes do processo: muitas vezes este público tem uma certa familiaridade com a memória do processo,

---

6. Apesar de serem o objeto a que se assiste, pode-se dizer que, enquanto interpretam, os atores também assistem à peça, sob um referencial diferente (interno à cena), e emitem comentários críticos relativos à cena tão relevantes quanto os do diretor ou do autor-espectador. Isso sem falar nos atores cujas personagens não fazem parte da cena, os quais podem se colocar na coxia ou mesmo na platéia, assistindo normalmente a cena.

7. D. Calandra, "The Aesthetics of Recepcion and Theatre" em Julian Hilton (org.), *New Directions In Theatre*, p. 16.

embora sempre se trate de um conhecimento fragmentado, advindo do relato de um dos agentes. Sua fruição será diferente de alguém que não conhece absolutamente nada sobre o processo.

d) Público em geral: são as pessoas que não fazem parte do meio teatral e que não têm nenhum parentesco ou amizade com os agentes, ou seja, é o público que freqüenta o teatro, pelas mais diversas razões: entretenimento, relaxamento, programa cultural, gosto pelo teatro, sociabilidade, entre outros. Este público frui o produto de maneira plena, sem se importar, de modo algum, com o processo de produção.

Em suma, com a entrada da audiência secundária, a partir da estréia, o produto passa a ter uma importância destacada, pois é a ele que o público veio assistir, e não ao processo. Nesse sentido, ocorre uma mudança significativa no encaminhamento desse processo: a peça deixa de ser um corpo aberto, sem forma fixa, passível de se configurar de inúmeras formas possíveis, e passa a ser um corpo fechado, com uma estrutura cristalizada, embora sujeita a mutações espontâneas (improvisações, erros dos atores) ou propositais (mudanças propostas pelo diretor, dramaturgo ou pelos próprios atores).

Essa mudança radical de natureza, da experimentação para a cristalização, transforma a estréia no momento mais instável do processo. Na verdade, essa mudança não se configura propriamente na estréia, mas num momento anterior, quando o processo começa a visar à estréia e, portanto, o corpo do espetáculo tem que ser definido.

A cristalização só é percebida pela audiência primária, pois a secundária não conhece as possibilidades anteriores surgidas no processo e, dessa forma, recebe o produto como se fosse o único experimentado pelo grupo. Para a audiência secundária não interessa as várias configurações possíveis do espetáculo, e sim aquela apresentada para ela.

A estréia de *Do Gabinete de Joana* mostrou um espetáculo instável, ainda não preparado para esse momento de cristalização. Várias questões não estavam completamente definidas e tal indefinição tomou conta do espetáculo, influindo negativamente na performance dos atores. Após a estréia, uma crise se abateu sobre o dramaturgo, que discordou do figurino, da sonoplastia e da direção dos atores. Em suma, irrompeu junto a ele a vontade de dominar todo o processo, ser um autor/diretor. Todo o discurso da interação como forma de evolução foi colocado em cheque.

O dramaturgo então se reuniu com as diretoras, e, juntos, analisaram a qualidade do trabalho e as mudanças necessárias. De um certo modo, a crise do dramaturgo foi atenuada, pois cada um dos três (diretoras e dramaturgo) pôde expor livremente suas opiniões sobre o espetáculo, o que levantou uma quantidade considerável de idéias e propostas em relação a todos os setores da peça: luz, figurino, cenário, sonoplastia, direção, interpretação e, claro, dramaturgia.

A principal mudança dramática proposta foi em relação à leitura do poema por parte de ELA. A função dramática dessa leitura era o "toque" que ELA dava em Joana, introduzindo a figura de Joana D'Arc. Nesse sentido, a alusão a Joana D'Arc deveria ser forte, acentuada, o que não ocorria no texto. Era necessário fortalecer essa alusão.

(quarto tratamento)
Ester, Judith e Débora foram mulheres de grande valor pelas quais Deus reanimou seu povo, nos momentos de grande opressão, e sobre outras ouvi falar, imbatíveis em valentia, mas ninguém superou os milagres realizados pela Donzela.
Ah, que honra para o sexo feminino! Que Deus tanto amou que mostrou um caminho para este grande povo pelo qual o reino, um dia perdido, foi recuperado por uma mulher, feito que os homens não podiam realizar.

(mudança após a reunião)
Ester, Judith e Débora foram mulheres de grande valor pelas quais Deus reanimou seu povo, nos momentos de grande opressão, e sobre outras ouvi falar, imbatíveis em valentia, mas ninguém superou os milagres realizados pela donzela....
Joana.... Joana D'Arc.

Enquanto antes a alusão a Joana D'Arc estava diluída no meio do poema e pelo seu apelido, "donzela", agora o poema se encerra com a alusão e por meio do próprio nome, Joana D'Arc. Este fortalecimento é essencial, pois trata-se do primeiro momento do espetáculo em que surge uma referência a Joana D'Arc, portanto não poderia passar desapercebido pelo público.

Essa foi apenas uma das mudanças propostas e efetuadas após a reunião com as diretoras. A reunião foi fundamental, pois permitiu que a peça, mesmo em cartaz, permanecesse em movimento de criação, além de restituir ao dramaturgo a confiança nas interações de um processo como a principal forma de sua evolução.

Um cuidado, porém, tomado tanto pelas diretoras como pelo dramaturgo foi evitar mudanças drásticas, principalmente de texto, neste momento no qual o público (audiência secundária) também faz parte do processo. Toda alteração de texto tinha que ser suave e gradual. Um dia uma fala, outro dia outra, e assim por diante. Desse modo, criação e construção estariam sempre em movimento, sem a necessidade de uma crise. Nesse momento de apresentações públicas a crise torna-se indesejável, pois traria instabilidade e vulnerabilidade ao espetáculo, acarretando más apresentações, o que afugentaria o público e conseqüentemente provocaria a morte do processo (cancelamento da peça por falta de público).

Portanto, a partir do momento em que a audiência secundária é integrada ao processo, o mecanismo processual muda, e a evolução é pensada a partir de pequenos movimentos, e não da sucessão instabilidade/rearticulação. Não se pode apresentar uma performance sofrível com a desculpa que daqui a um mês a peça estará ótima, pois, acima de tudo, o espetáculo é construído para a audiência secundária e não para a primária.

Nesse sentido, o público e suas reações são referenciais muito importantes para o dramaturgo, o qual coleta inúmeras críticas: "o texto é literário demais"; "falta ação dramática"; "atores não perfazem uma encenação orgânica, cada um está num patamar diferente" etc. A falta de organicidade do espetáculo é, aliás, ressaltada na crítica de Mariângela Alves de Lima (anexo 3), em que ela aponta um "desacerto entre o caráter reflexivo do texto e a encenação". Além deste, é interessante destacarmos outros aspectos da peça apontados pela crítica:

- "Forma do texto mais expositiva do que propriamente dramática": surge novamente a questão apontada pelos que ouviram a leitura do primeiro tratamento; a peça é pouco dramática, falta ação. Embora, na crítica, esse ponto não seja colocado como um problema, mas como uma característica do texto.
- O PRETENDENTE é chamado de "voz do amor" e ELA de "voz do tempo presente": é interessante notar que a origem da personagem ELA (as vozes da secretária eletrônica no *workshop* de Tales, ou então, as vozes ouvidas por Joana D'Arc) tem a sua marca inscrita na encenação da peça, a ponto de impregnar a outra personagem, o PRETENDENTE, com esse estatuto de voz.
- A forma de interpretação dos atores é muito criticada. Vale destacar um comentário acerca do trabalho de Ana: "*contorcionismo* emocional da atriz". Com certeza os inúmeros problemas da coluna de Ana durante o processo estão inscritos no corpo do espetáculo.
- "Constituição da identidade feminina": o tema central apontado pela crítica, apesar de não ser o tema central eleito pelos agentes, foi amplamente discutido durante o processo, e mostrou estar presente de maneira forte no espetáculo. Retorno ao bordão; quanto maior o número de questões suscitadas, melhor para o processo. O texto, ao propor diversas discussões, propõe também diversas leituras, tanto pela audiência primária quanto pela secundária. Mariângela Alves de Lima leu a questão da identidade feminina como central. Já outras pessoas que assistiram à peça elegeram outros temas como preponderantes. Portanto, a abertura proposta pelo texto permanece mesmo após a estréia, fazendo com que a audiência secundária também possa preencher as lacunas deixadas pelos espaços de indeterminação que caracterizam o texto.

Somente uma pessoa que conhece profundamente a memória do processo faria tais relações da crítica com essa memória. Isso porque, lendo a crítica, em nenhum momento se fala sobre o processo de construção do espetáculo. Pode-se inclusive deduzir, pela crítica, que *Do Gabinete de Joana* é uma peça convencional, na qual o autor escreveu o seu texto, sem a interferência de ninguém, e o entregou a um(a) diretor(a) para encená-lo.

As marcas do processo no corpo da encenação são só visíveis para a audiência primária e não para a secundária. Essa última não subentende o processo pelo produto. Isso não se caracteriza como um dado negativo, pois o processo existe em função da criação de um produto (espetáculo teatral), o qual está continuamente em processo de elaboração, tanto antes, quanto depois da estréia.

O espetáculo, nesse sentido, é a própria manifestação do processo em seu momento atual. Portanto, a audiência secundária, apesar de não ter acesso à história do processo, ao assistir o espetáculo trava contato com o momento presente dessa história.

Voltando à crítica de Mariângela Alves de Lima, vale frisar que ela provocou uma flutuação em todo o processo. Não que uma crítica fosse redirecionar a montagem, mas, sem dúvida, se tratava de um referencial balizado que tinha que ser considerado com atenção. Cada membro do processo, orientado pela direção, fez uma análise do seu próprio trabalho até então e foram propostos novos caminhos e/ou correções. A personagem ELA ficou mais leve, menos angustiada, e as ações de Joana mais claras para o público. Nesse sentido, não importa se a crítica é positiva ou negativa. O que vale é o olhar especializado de alguém estranho ao processo e isento de relações pessoais que possam subjetivar as críticas. Lógico, não se pode ser escravo do olhar do outro, mas sensível o suficiente para ser capaz de discernir o que pode estimular ou não a evolução do processo.

É interessante notar como um processo construído em função da escuta do outro, por meio do autor-espectador, é altamente sensível à leitura e apreciação do outro. Toda a crítica ou elogio influencia o processo e seus agentes, como se o outro (público) fosse também um dos autores da peça.

Talvez o termo mais utilizado pelo público para descrever a peça tenha sido "complexo". Esse termo foi usado nos mais diferentes sentidos. O exemplo mais simples: "A peça é muito complexa". Mas o que significa esse "complexa"? Complicada? Confusa? Sofisticada? Pouco clara?

Difícil dizer, mas não deixa de ser fascinante que o termo que norteia essa pesquisa dramatúrgica seja resgatado pelo público, o qual frui a pesquisa corporificada em um espetáculo. Porém, só esse fato não é suficiente para medir o sucesso artístico do processo. Nesse sentido, claramente muito do proposto e do desejado não foi alcançado. Por exemplo, a relação entre as três personagens. O texto não explicitava, mas deixava entrever um grande caminho de relações a serem construídas. Afinal, em grande parte da peça, as três personagens estariam coabitando o mesmo espaço, cada uma com um objetivo diferente. Logo, o processo de ensaios proporcionaria aos atores, às diretoras e ao dramaturgo inúmeros elementos para a construção desse manancial de relações. Porém isso não ocorreu. As relações entre os três ficaram aquém do desejado. Nem atores, direção ou dramaturgia conseguiram ativar de maneira eficiente o universo latente de relações e interferências possíveis entre as três personagens.

Outro elemento aquém do desejado foi a construção da personagem ELA. A opção escolhida pelo dramaturgo em meio ao processo foi delinear uma personagem lacunar, reticente, para que a atriz e as diretoras fossem construindo um corpo mais sólido durante os ensaios e, a partir disso, o dramaturgo pudesse retrabalhar a personagem em função das questões surgidas. A atriz propôs alguns caminhos, mas nem o dramaturgo e nem as diretoras foram capazes de organizar o proposto pela atriz dentro de um projeto dramático e cênico consistentes.

Mas, provavelmente, a questão mais crítica do processo tenha sido os problemas envolvendo o desenvolvimento da personagem Joana. Infelizmente, a personagem dupla (historiadora e heroína) não foi aprofundada de maneira plena pela atriz fundadora do processo. Sua resistência em quebrar uma imagem idealizada de Joana e aceitar uma personagem contemporânea, urbana, bissexual foi extremamente desgastante. De novo, o dramaturgo não soube lidar dramaticamente com essa situação, simplificando a personagem ou propondo algum elemento que dialogasse com a resistência da atriz.

Enfim, apesar da riqueza do processo, o produto final ficou um pouco aquém das expectativas. Várias foram as razões, como as descritas acima. Volto a questão: como aliar pesquisa e produto? Não necessariamente um processo sofisticado leva a um espetáculo sofisticado. Pois os caminhos trilhados pelo processo são desejosamente imprevisíveis, e não se sabe para onde tais caminhos levarão. Mesmo assim, muitos elementos estéticos chegaram a um bom termo no espetáculo: a justaposição, a relação entre cena e imagem (dada pela projeção de um filme), a discussão dramática sobre a extrema dificuldade de se levar um projeto pessoal adiante num mundo fragmentado, a cena final da inquisição e da fogueira (apontada por muitos como o melhor momento do espetáculo), entre outros.

Enfim, com suas virtudes e problemas, a peça chega ao seu final de temporada (dois meses no Centro Cultural São Paulo). O seu destino é incerto. Muito provavelmente não será mais encenada, devido à falta de um patrocinador. Seria então esse o fim do processo? Não necessariamente. O autor-escritor tem total liberdade para retrabalhar o texto da maneira que achar mais conveniente, mesmo que a peça não esteja sendo encenada. E é exatamente isso que acontece.

Em abril de 1998, dois meses após o encerramento da temporada, o texto ganha uma nova versão.

Quinto Tratamento

A principal razão que levou o dramaturgo a escrever essa nova versão foi o desejo de ter um texto com as mudanças ocorridas durante os últimos ensaios e a temporada, documentando a peça em seu último dia de apresentação, quando teoricamente ela estaria em seu estágio mais evoluído. Portanto, é mais uma atualização do texto do que propriamente uma nova proposição.

No entanto, existe uma pequena novidade nesse tratamento, algo que não surgiu durante as apresentações, mas durante a escritura dessa quinta versão pelo autor-escritor: a eliminação da palavra "eu". Julguei interessante em uma peça de monólogos, de individualidades, em que as personagens só falam de si, que nenhuma delas jamais proferisse a palavra "eu". Desse modo, elas expressariam a sua subjetividade sem se auto-referir, criando assim um paradoxo dramático.

A eliminação da palavra "eu" fez com que muitas falas fossem retrabalhadas. Em alguns casos de maneira simples, como uma mera ocultação:

(quarto tratamento)
Quando eu fiz 26.... Eu tive a idéia de me gravar.
(quinto tratamento)
Quando fiz 26.... Tive a idéia de me gravar.

Já em outros casos, as falas tiveram que ser reformuladas:

(quarto tratamento)
Olhe bem para mim, senhor. Acredita realmente ser eu uma traidora.
(quinto tratamento)
Olhe bem para mim, senhor. Acredita realmente estar vendo uma traidora.

Além disso, nesse novo tratamento, assimilei as rubricas relativas às ações que estavam ocorrendo no palco durante as apresentações. Por exemplo, nos tratamentos anteriores indicava-se que Joana se exercitava. Agora, especifica-se que Joana golpeia uma pêra de boxe, como ocorria no palco. Há também indicações de ações envolvendo ELA e o PRETENDENTE, que não haviam nas versões anteriores. As relações entre as duas personagens surgiram durante os ensaios, foram encenadas na temporada e agora são assimiladas pelo texto.

A escritura dessa quinta versão não encerra definitivamente a história do processo. O autor-escritor pode escrever quantas versões desejar. Já o autor-espectador permanece ausente, pois ele só existe em função do outro; para configurar a sua existência, ele tem que assistir algo, seja um ensaio ou um espetáculo, como já foi descrito no capítulo referente a *Narraador*.

Enfim, o processo momentaneamente se estabiliza nessa quinta versão, esperando que algum ruído ou flutuação provoque alguma novidade ou movimento no processo, afinal, a sua história se estruturou através de flutuações e permanece sensível ao surgimento delas. Que sejam sempre bem vindas...[8]

---

8. *Do Gabinete de Joana* foi remontada em Curitiba em 2004, por um grupo local.

Peça discute constituição da identidade feminina

Em 'O Gabinete de Joana', de Rubens Rewald, tema é tratado a partir da figura de Joana D'Arc

MARIANGELA ALVES DE LIMA
Especial para o Estado

As múltiplas refrações da identidade são, por excelência, um tema de teatro, lugar onde alguém se põe diante de nós e afirma ser quem não é. *Do Gabinete de Joana*, peça de Rubens Rewald em cartaz na Sala Paulo Emílio Salles Gomes do Centro Cultural São Paulo, põe em cena a constituição de uma identidade feminina de forma mais expositiva do que propriamente dramática.

Uma mulher — somos informados de que se trata de uma historiadora — escreve um trabalho sobre outra historiadora que, por sua vez, tem como objeto de estudo Joana D'Arc. Por meio desse percurso retrospectivo, procurando no passado um ideal feminino, a personagem central constitui a sua identidade aos olhos do público. Conhecemos essa figura mais pelo que fala de outras do que pelo que mostra de si mesma. Enquanto isso, outras vozes, a voz do amor e a voz do tempo presente, solicitam e instigam a jovem mulher a uma experiência menos abstrata do que a da historiografia.

São bonitos os textos atribuídos a cada personagem e é interessante a idéia de que a personalidade individual seria, na verdade, uma composição sinfônica na qual se harmonizam passado e presente, ideal e realidade. Esse dinamismo — nada parece sedimentar-se e fixar uma imagem de Joana — parece ser ao mesmo tempo uma afirmação sobre a vida contemporânea, na qual as coisas não podem ser permanentes e em que, portanto, a nítida figura da heroína Joana D'Arc não poderá repetir-se.

Há, contudo, uma espécie de desacerto entre o caráter reflexivo do texto e a encenação dirigida por Ana Cabezas. No espetáculo, as vozes vivas do tempo presente surgem, para a protagonista, como uma incômoda interferência no seu trabalho. Prefere, ao que parece, a vida virtual à real e perturba-se ao ser interrompida por todos que clamam por afeto ou pedem explicações. A forma das interpretações é psicologizada, a angústia acentuada, indicando uma espécie de insanidade sobreposta às frases que são, sobretudo, reflexivas.

Na concepção do espetáculo, a jovem torna-se, assim, uma entre tantas mulheres solitárias, neurotizada pelo mundo do trabalho e incapaz de relacionar-se com o que a cerca. A forma como essa identidade se constitui se torna secundária diante do contorcionismo emocional da atriz que representa Joana. O jovem amoroso, igualmente ardente e dramático, não cumpre bem a sua função de ideal afetivo. Parecerá sempre uma invasão e apenas na projeção cinematográfica reconhecemos a possibilidade de que pertença também à memória e ao desejo da protagonista.

O sentimentalismo que permeia as interpretações acentua o plano do presente, ou seja, de uma crise focalizada no seu ponto alto. E o que seria mais interessante, nesse texto que reexamina a constituição da personagem e da identidade individual, seria partilhar, com uma certa isenção, da fluidez com que se sobrepõem o sujeito e a história, o real e o imaginado.

Crítica

SERVIÇO

Do Gabinete de Joana. Texto de Rubens Rewald. Direção de Ana Cabezas e Rossana Foglia. Com Ana Maria Tabet, Guilhermino Domiciano e Dorothy Cross. Hoje e amanhã, às 21h30; domingo, às 20h30. Ingressos: R$ 12,00. **Centro Cultural São Paulo — Sala Paulo Emílio Salles Gomes.** Rua Vergueiro, 1.000." 277-3611

O Estado de São Paulo (09/01/1998), por Mariângela Alves de Lima.

4. Teledramaturgia e Complexidade
Diálogo entre Autores

São Paulo, três da tarde, muito calor.
Edifício Copan, centro, trigésimo andar.
Topo da cidade.
18 de novembro de 2004.
Presentes: Jean-Claude Bernardet (anfitrião), Lauro César Muniz, Renata Pallottini e Rubens Rewald.
Assunto do dia: Dramaturgia de TV[1].

RUBENS: Em 1998, eu defendi um mestrado com a orientação do Jean-Claude. O tema era "Caos e Dramaturgia". Basicamente, o que estudei foi a criação dramatúrgica inspirada por conceitos da física como a complexidade, a teoria do caos e como esses conceitos poderiam estimular a criação dramática, principalmente em processo. Eu usei termos como indeterminação, ruído, bifurcações, dependência sensível às condições iniciais e outros. Todo esse aparato de idéias e conceitos primeiro foi utilizado como instrumento de análise de textos e processos e depois como ferramenta de criação. Ou seja, como um autor pode utilizar o ruído de uma maneira propositiva dentro de um processo colaborativo. Você pode utilizar a própria idéia de caos,

---

1. O texto desse capítulo é praticamente a transcrição integral de nossa conversa. Portanto, a riqueza e os cacoetes da fala de cada um dos presentes estão mantidos no texto, em detrimento de uma revisão que estabelecesse uma construção mais literária e niveladora.

quer dizer, uma pequena perturbação no processo provocando um resultado artístico expressivo.

JEAN-CLAUDE: Nesse sentido, a televisão me parece um setor fundamental na discussão, já que não trabalha sobre textos prontos, como uma peça de teatro que já está definitivamente escrita ou um filme, que parte de um roteiro já fechado no momento em que se inicia a produção. Então existe toda essa idéia dos fluxos, contra-fluxos, das intervenções que mudam as rotas, tudo isso que na dramaturgia seriada da televisão pode ser um setor rico de informação e de reflexão.

LAURO: De saída me ocorre o seguinte: a dramaturgia de telenovela está, em princípio, apoiada na causalidade, mas existe um elemento fundamental que tem um aspecto aleatório, que provoca ruído, que é o fato de você escrever à medida em que o produto está sendo gravado e exibido. Quando menos se espera, surgem informações do telespectador, fatos ou observações, que acabam influenciando na obra. É inevitável. Mesmo que você diga, como alguns colegas: "Não, eu me fecho no meu universo, e escrevo...". Não é verdade. O autor acaba sendo invadido por estímulos de fora, que acabam influenciando e dando uma característica diferente no plano inicial. Então, essa causalidade, que é um ponto de partida, de certa forma, vai um pouco por água abaixo. Não porque o autor perca o norte da história; estou falando de minha experiência pessoal. Eu nunca perco o norte da trama, eu sei onde estou, onde vou chegar, mas é inevitável que no meio do processo acabem ocorrendo coisas inesperadas. Eu lembro de *Roda de Fogo* (1986), uma novela que escrevi com o Marcílio Moraes. Eu tive um problema de saúde, e suspeitou-se que fosse um enfarte, um segundo enfarte; eu tive um enfarte em 1977 e quando estava escrevendo essa novela, comecei a sentir os mesmos sintomas, então me afastei por uns tempos, logo no início, com a novela já no ar, nos primeiros capítulos. Era uma novela que nascia na Casa de Criação Janete Clair; nascia coletivamente. Antes de eu entrar no processo, o Marcílio já estava trabalhando esse tema com um grupo, ele estava muito ligado ao grupo. Eu entrei como um elemento estranho ali, e aos poucos fui dialogando com todos, eram todos ótimos. O Dias Gomes, que era o diretor da Casa de Criação (era a primeira experiência), achava que precisava de um autor experiente para levar o projeto adiante. E sem o que, a Globo também não faria, não colocaria no ar. Com meu afastamento, o Marcílio ficou responsável pela novela durante uns dez dias. Ele recebeu uma pressão tal do grupo da Casa de Criação, que afastou um personagem que nós estávamos começando a alimentar, era o personagem do Tabaco, feito pelo Osmar Prado.

RUBENS: O que tinha três mulheres.

LAURO: Exatamente. Veja que já era um elemento de influência exterior ao projeto inicial. Quando eu voltei e tomei conhecimento disso, disse que eles estavam destruindo um personagem que tinha uma empatia muito grande. Eles achavam que o Tabaco era um elemento estranho ao contexto geral, pois era uma novela dramática, e que o Tabaco trazia um desvio do gênero. Mas eu disse que a telenovela não é tão concentrada num gênero só. O painel amplo da telenovela abarca uma série de gêneros. Você pode ter uma farsa dentro de uma telenovela basicamente dramática. Era o caso de *Roda de Fogo*. Tabaco era um elemento farsesco. Eles não confiaram nisso e tiraram. E eu reintroduzi. Conclusão: foi um enorme sucesso o personagem do Tabaco, que ficou sendo o segundo personagem masculino da novela. Ele era quase que uma caricatura do personagem central. O Renato Villar, personagem do Tarcísio Meira, era o homem mau arrependido. Já o Tabaco era o motorista do Renato Villar, uma espécie de satélite dele, e procurava imitar e fazer as coisas que o Tarcísio fazia. Se o Tarcísio tinha relações amorosas com duas, três mulheres e hesitava seriamente entre elas, o Tabaco não. Ele abria o jogo; tinha as três mulheres, visitava as três ao mesmo tempo. Ele não tinha as dúvidas intelectuais que o personagem do Renato Villar tinha. O Tabaco contrapunha. Era um elemento de humor permanente na novela e fez um enorme sucesso. Como você vê, fatores externos influenciam um projeto que você já tem definido.

RUBENS: É o que chamamos de ruído. Um elemento que não tem nenhum vínculo com a história do processo e que, de repente, a ocorrência dele desestrutura tudo. No caso, o seu problema de saúde, que te fez sair do processo momentaneamente e quase mudou toda a novela.

LAURO: E tem vários exemplos como esse.

RENATA: Estou me lembrando de uma banca de qualificação na PUC, que estive envolvida e que você, Lauro, veio à baila. O trabalho era de um rapaz muito bom e versava sobre a minissérie; ele se deteve bastante na discussão sobre a autoria. Ele citava você como alguém que tinha dito que na minissérie a autoria se afirma mais. O roteirista tem mais certeza do que ele está fazendo. Você inclusive defendia um maior aproveitamento, um estímulo maior à produção de minisséries. E você também defendia o enxugamento da telenovela.

LAURO: Menos capítulos.

RENATA: Fazer uma novela de cem capítulos, pois você achava que duzentos capítulos era um exagero. O rapaz que defendia a tese, infelizmente não lembro seu nome, curiosamente se opunha a essa idéia. Ele achava que tanto na telenovela quanto na minissérie a autoria do roteirista é uma coisa quase desprezível, pois ele achava que havia muitas interferências no trabalho do autor. Ainda segundo ele, na televisão, diferentemente da literatura produzida para um livro, as intervenções, a criação em equipe, a produção de tudo é tão complexo e cheio de interferências e ruídos que não se podia defender a tese de que a autoria em minissérie fosse uma coisa mais identificável, mais forte. Eu disse a ele que uma das coisas principais na teoria do Lauro, que eu endosso, é que realmente na minissérie você tem quase que completamente a possibilidade de criar o teu roteiro fechado e muitas vezes já aconteceu de você fazer o seu roteiro inteirinho, deixar ele pronto. Não é muito comum, mas já aconteceu. Ao contrário da telenovela, a nossa, a brasileira, onde você nunca pode fazer isso.

RUBENS: A novela mexicana ou a venezuelana é fechada, não é?

RENATA: A cubana também.

RUBENS: É gravada toda antes de ir ao ar.

LAURO: Um dos fatores mais fortes do sucesso da telenovela brasileira é ser aberta. A gente usa uma expressão, obra em aberto, para não confundir com a obra aberta.

RUBENS: Do Umberto Eco.

LAURO: Atualmente, há um dado de ruído e de processo aleatório bem interessante. As novelas estão sendo escritas às vezes por quatro, cinco, seis autores. Não tem como um autor dar uma unidade e um estilo final ao trabalho, por mais atento que ele esteja aos seis, sete colegas. Por mais afinadas que aquelas cabeças estejam, os estilos, as influências, são muito diferentes. A aleatoriedade aí é inevitável.

RENATA: Isso também discutimos, essa multiplicidade de autores na novela que não existe na minissérie, em geral.

LAURO: Na minissérie, é possível para um autor escrever sozinho. *Aquarela do Brasil* (2002) e *Chiquinha Gonzaga* (2000) eu escrevi quase sozinho, pois eram apenas trinta e oito capítulos na *Chiquinha* e sessenta na *Aquarela*. Eu agüento escrever sessenta capítulos sozinho, o que eu não agüento é duzentos.

RUBENS: Até meados dos anos oitenta era comum um autor escrever sozinho uma novela. A diferença é por quê? Hoje o público está mais exigente? Eles querem ação, ação, ação?

LAURO: Esses *blockbusters* americanos, de hoje, têm muita influência na telenovela. O espectador está muito habituado com esse cinema cheio de cortes, com uma edição sempre preocupada em diminuir ao máximo o tempo de exposição de uma mesma imagem. É uma coisa maluca o que está acontecendo com o cinema americano hoje. Tudo é muito rápido. Muita ação, muito barulho. E esse cinema tem influenciado a telenovela e com isso não é possível para o autor se deter muito tempo em uma cena; fazer uma cena de cinco páginas, por exemplo, como a gente fazia; eu fiz isso em *Escalada* (1975), fiz no *Casarão* (1976), cenas enormes, à vontade. E a Janete Clair também, nas suas novelas, fazia cenas de até dez páginas. Hoje é impossível. Parece que tem uma regra rígida na Rede Globo que é a seguinte: passou de uma página e meia, dá um jeito de cortar. Muitas vezes acontece de se alterar a cronologia da narrativa. O tempo é subvertido. O que significa subverter o tempo? A Renata coloca isso muito bem no livro dela. Vamos pegar a montagem clássica do cinema. Você tem uma cena, que é interrompida num corte para uma outra cena e então, volta-se à ação da primeira cena, a qual é retomada num momento posterior, pois passou-se um tempo, preenchido pela segunda cena. No entanto, a telenovela, muitas vezes, subverte isso. A terceira cena é retomada no ponto em que a primeira cena parou, como se o tempo intermediário da segunda cena não existisse.

RUBENS: Não é a montagem paralela, o "enquanto isso" do Griffith.

LAURO: Não é.

RENATA: Você paralisa o tempo e quando a cena volta você põe o relógio para correr de novo.

LAURO: O espectador começa a se habituar com essa linguagem. Às vezes nem percebe. Ele aceita isso passivamente. Como eu sou muito rigoroso com relação à estrutura, eu tento sempre fazer esse esforço mental de imaginar o que aconteceu no intervalo de tempo em que a cena dois foi mostrada, entre a cena um e três. E isso vai ficando cada vez mais difícil com o número elevado de cenas, pois elas não podem ter mais de uma página e meia. Enfim, a estrutura ficou muito fracionada, ficou muito estilhaçada, quer dizer, a influência dos *blockbusters* na telenovela exigiu que o autor tivesse essa mesma dinâmica. Então, vários outros autores foram incorporados ao trabalho, criando uma colcha de retalhos. Você recebe uma cena daqui, outra dali, dos vários núcleos de personagens de uma novela, cada roteirista faz um núcleo e, no fim, o autor acaba fazendo uma edição no computador. Isso, para mim, é desesperador. Eu fazia as minhas novelas sozinho, tinha uma consciência clara do tempo, uma consciência de causa e efeito, uma dramaturgia mais rigorosa, digamos assim. Para mim é até doloroso, ter de me submeter a esses padrões. Daí minha dificuldade em escrever uma telenovela com um grupo grande de autores.

JEAN-CLAUDE: Essas alterações no tempo, que viriam da influência do cinema americano, chegaram de que forma aos autores? Eles mesmo perceberam ou isso foi percebido por alguma diretoria, ou departamento de pesquisa de opinião pública? Como isso chegou aos autores?

LAURO: Eu acho que não é uma coisa tão clara assim. Não se parou para pensar e discutir. Mas acredito que seja do seguinte modo: o cinema americano está muito presente na televisão; o espectador vê aqueles filmes de ação e se habitua com aquele ritmo. Então os autores, de certa forma, têm que competir com aquilo, têm que manter aquela dinâmica, pois o telespectador começa a gostar de ver as coisas acontecer rapidamente, sem muita introspecção. Instintivamente, o autor se defende fazendo cenas curtas, segmentos bem curtos e definidos. Não deixa a cena se alongar muito.

RENATA: O autor de telenovela está sabendo que o público está sujeito ao bombardeio da ação norte-americana, mas acho que também isso é um facilitador, pois é muito mais fácil você fazer uma cena curta dizendo: "Como é que você se chama?", então corta, passa-se para uma outra cena de um minuto, um minuto e meio, e daí na próxima cena, a garota responde: "Amélia". É uma estupidez, mas isso é mais fácil do que fazer a ginástica mental de preencher aquele um minuto e meio com alguma coisa que tenha sucedido entre a primeira cena e a terceira cena. É mais fácil! Eu acho que os autores menos exigentes resolveram dessa forma. E resolvendo dessa forma, o público não protestou, então eles seguiram assim.

LAURO: Principalmente se a resposta "Amélia" for um gancho. Se essa informação significar alguma coisa na história, melhor ainda. Daí interrompe mesmo. Pois o autor deixa aí um gancho, o famoso gancho.

RENATA: Claro.

LAURO: Agora, a minha tentativa na Globo, há quase vinte anos, é reduzir as novelas para no máximo cento e vinte capítulos, justamente para se ter autoria, estilo, possibilidade de concentração no trabalho, evitar esse fluxo de fora muito forte. Dois autores conduzem uma novela de cento e vinte capítulos. Três no máximo. Certa vez, fiz um trabalho por escrito sobre esse assunto e o entreguei ao Boni. Ele gostou, achou que eu tinha pegado bem a questão. Para escrever isso, eu fiz uma pesquisa junto ao departamento comercial da emissora e ao pessoal do orçamento de produção. Descobri então que uma novela, em média, se paga lá por volta do capítulo cem. Portanto, você precisa de duzentos capítulos, para ter metade da novela dando lucro. A outra metade é para pagar a produção. O que eu propus ao Boni? Fazendo uma novela de cento e vinte capítulos, eu teria muito menos personagens...

RUBENS: Menos cenários...

RENATA: Muito menos dinheiro.

LAURO: Menos tudo. Faria uma novela bem mais concentrada. Esse ponto de equilíbrio comercial recuaria para um número proporcional dentro do universo de cento e vinte capítulos. Enfim, o Boni recebeu muito bem a minha proposta, me mandou um memorando carinhoso, elogiando a minha proposta. Bom, tempos depois eu voltei à carga com o assunto e ele disse: "esse assunto não, Lauro". E até hoje eu não sei o por quê. Eu acho que chegaram à conclusão de que era um risco muito grande.

RUBENS: Economicamente não era interessante.

LAURO: Anos depois, o Daniel Filho resolveu encarar isso, e me chamou para fazer a primeira novela de sessenta capítulos. Era uma coisa muito arrojada. Eu apresentei um projeto, a novela seria apresentada às seis da tarde, que era um horário possível para se testar. Aí, nesse meio tempo, aconteceram diversas coisas, e no fim, a novela não foi ao ar. A Regina Duarte deveria ser a protagonista, e ela estava estreando uma peça chamada *Honra*. Isso faz pouco tempo. Ela não podia fazer a novela, pois tinha compromissos com a produção da peça. Então, como a Regina não podia fazer, adiou-se o projeto e nunca mais se retomou.

Tentaram depois, com outro projeto, fazer um teste que não deu certo. Foi uma novela com aquela dupla de cantores...
RUBENS: Sandy e Júnior.
LAURO: É isso mesmo.
RUBENS: Você consegue identificar em que momento na tua carreira você não conseguia mais dar conta de trabalhar sozinho numa novela e a necessidade dos colaboradores começou a ficar mais premente?
LAURO: Foi em meados da década de 1980, quando fiz *Roda de Fogo*.
RENATA: Nessa ocasião eu fui chamada para substituir o Benedito Ruy Barbosa. Eu acho que um dos problemas que fizeram com que a Globo começasse a estimular a criação dessas equipes está nesses autores que tinham o hábito de trabalhar sozinhos e que eventualmente tinham problemas. Problemas de saúde, problemas de todo o tipo. O Benedito é um deles. Geralmente quando vai chegando da metade para o fim de uma novela, ele começa a estafar, por uma série de coisas. Então, várias vezes já aconteceu de alguém ter de pegar o bonde andando. E nessa ocasião, era *Os Imigrantes* (1982), que a essa altura, já tinha duzentos capítulos feitos. Mas a Bandeirantes não queria deixar cair, pois era o seu único sucesso, seu único programa com audiência. O Benedito, por um lado, estava realmente estafado, e por outro lado, ele estava entrando na Globo; então essas duas coisas se juntaram e a Bandeirantes chamou a mim e ao Wilsinho Aguiar para substituir o Benedito. E foi uma correria, pois tinha duzentos capítulos e a gente assistia eventualmente à novela, mas não capítulo por capítulo. Tivemos então uma entrevista com o Benedito por um dia inteiro regada a vodka. Depois, ele nos passou a sinopse original; e depois, vimos diversos capítulos já passados; por fim, ele nos mostrou os projetos que tinha para o prosseguimento da novela; em suma, nós tivemos um trabalho maluco, uma semana enlouquecedora, para poder entrar no espírito da coisa. Isso tudo não teria sido necessário se o Benedito tivesse auxiliares, digamos, dois ou três camaradas o ajudando. Pois nesse caso, era só ele dizer: "gente, não agüento mais, estou exausto, fica um tempo com vocês". Poderia haver um prejuízo, haveria com certeza, mas não precisaria desse "pronto-socorro", dessa emergência, que foi um sacrifício para todo mundo. Essa situação ocorreu por mais de uma vez, sempre por doença, e aconteceu com Janete Clair, com Dias Gomes...
LAURO: Bráulio Pedroso.
RENATA - Enfim, em várias ocasiões os autores, que trabalhavam sozinhos, pifaram por alguma razão; eu acho que foi aí que a Globo começou a pensar nessa opção de substitui-los por uma equipe. No meu caso, que foi no começo da década de 1980, a Bandeirantes substituiu o Benedito por nós dois e aí todo mundo começou a perceber que era bom ter mais de um autor, era bom ter um reserva, para entrar em campo se o titular se machucasse.

LAURO: Temos que considerar também que a melhor escola para um autor iniciante é ser colaborador de um autor experiente, veterano.

JEAN-CLAUDE: Nessa substituição do Benedito, já que você não tinha acompanhado a novela e pegou o bonde andando, que repercussão isso teve na condução dos personagens, no ritmo da ação, na narrativa?

RENATA: Um autor é um autor, o outro é outro. A gente tem outra cabeça. Cada autor tem as suas raízes, a sua maneira de ver o mundo, a sua filosofia, a sua ideologia. Não é possível esperar que eu e o Wilsinho tivéssemos a mesma cabeça e pensássemos como o Benedito. Há mudanças. Mesmo nós dois éramos pessoas bem diferentes, até em questão de idade, Wilsinho era bem mais jovem.

JEAN-CLAUDE: Que mudanças houve?

RENATA: A gente começa por dar aos personagens características que você sonhava quando era espectador. Você está vendo uma novela, como espectador, olha um personagem e diz: "Puxa, esse personagem aqui poderia ser mais...". Por exemplo, eu estou vendo nesse momento a *Senhora do Destino* (2004), é a única novela que eu estou assistindo. Havia ali um personagem, a Djenane, feito pela Elisângela, que eu jamais tiraria da história. Pois ela era muito engraçada, a atriz estava fazendo muito bem, era um personagem sacaninha, um contraponto ao personagem da Renata Sorrah, que é muito pesado, pouco convincente, pouco verossímil. A Djenane era uma prostituta escrachada, mas que levava a sua profissão com graça, com espírito e, de repente, ela morre. Muita gente ao meu redor não entendeu por que tiraram a Djenane, sempre tão engraçada. Eu, se tivesse pegado essa novela como co-autora num momento anterior, nunca teria matado a Djenane. Então, você tem a sua visão dos personagens, que você faz crescer ou não faz crescer, e a condução dos fatos você vai alterando de acordo com a sua visão. Eu, por exemplo, em *Os Imigrantes*, tinha uma visão de filha de imigrantes. Benedito Ruy Barbosa possivelmente não tem. Eu tinha certas peculiaridades, certas experiências que ele não tinha, não poderia ter, é uma outra vida, um outro ser. Portanto, a gente começa realmente a alterar, claro, sempre com a visão daquela coisa que faz a telenovela ser uma obra em aberto: como é que o telespectador está recebendo? Como é que está a audiência? Como está a reação às mudanças? Aí você começa a conduzir de um jeito ou de outro, mas você sempre modifica.

LAURO: Eu tive essa experiência com *O Bofe* (1972). O Bráulio Pedroso ficou doente, eu o substituí e não tive outra alternativa senão modificar mesmo. A cabeça do Bráulio era uma, a minha é uma outra.

JEAN-CLAUDE: Essas modificações consistiam em quê?

LAURO: Eu trouxe a novela para o meu universo. Eu sou um autor bem diferente do Bráulio. Ele tinha uma visão talvez mais cínica do mundo do que eu. Eu tenho uma visão mais esperançosa, ou pelo menos tinha naquele momento. O que eu fiz foi pôr um pouco no chão as coisas que estavam meio aéreas, num universo muito fantástico. A novela não ia bem de audiência e um dos motivos que comprometia a audiência, em minha opinião, era o fato da novela ser fantástica demais, forçando o espectador a entrar num universo em que ele não transitava muito à vontade. O que eu fiz então foi tornar alguns personagens mais realistas e trazer para um plano mais verossímil, em que eu trabalhava mais à vontade.

RUBENS: É possível trabalhar com o potencial criativo de cada colaborador? Por exemplo, escalar um para a comédia, outro para o drama, de acordo com a facilidade de cada um. E às vezes até jogar: "Puxa, vamos ver o que esse colaborador faz com esse personagem". Ou seja, esperar por uma resposta dele, de caráter imprevisível.

LAURO: Eu tive uma experiência assim com *Zazá* (1997). Foi a última novela que fiz e decidi, depois da *Zazá*, não fazer mais novela. Cada colaborador tem um estilo, um aspecto forte. Eu trabalhava com dois autores bem diferentes: a Rosane Lima, que era mais lírica, que tratava os personagens com mais humanismo e o Aimar Labaki, que, ao contrário, tem um humor bastante ácido. Então aproveitei bastante esse contraponto dos dois para tentar orquestrar essa diferença entre eles. Só que eu não fui muito feliz; na verdade, eu não sou um bom condutor de colaboradores. Eu não sou um bom maestro. Eu sei de colegas que são ótimos, por exemplo, o Aguinaldo Silva é um excelente maestro, o Gilberto Braga também. Eles conseguem orquestrar muitos colaboradores e tirar o máximo de cada um. Eu não sei fazer isso, não. Eu comecei antes desses dois colegas; eu venho de uma escola muito apegada à coisa autoral, personalizada. Na *Zazá*, então, eu me perdi um pouco. Ou bastante, até... Eu fui bem até o capítulo setenta, mais ou menos sozinho, e só recebendo sugestões dos dois colaboradores. Depois como eu me atrasei, me cansei muito, no capítulo setenta eu estava esgotado, eu comecei a passar mais tarefas ao Aimar e à Rosane. E aí eu não soube dosar; eles eram muito diferentes. E depois, ampliei ainda para mais dois autores, o Nadotti e a Jaqueline Vellego. E aí me perdi mais ainda.

RENATA: A minha experiência é mais restrita. Eu só trabalhei com mais um colaborador, no caso, nem era um colaborador, era um parceiro mesmo. Estávamos trabalhando praticamente juntos, em igualdades de força. Numa ocasião era o Wilsinho, noutra era o Carlos Queiroz Telles. O Carlos, logo que começamos a trabalhar juntos, numa novela na Tupi, *O Julgamento* (1976), me disse: "Olha, eu ajudo na estruturação". Pois o Carlos não escrevia capítulos. Ele estruturava, bolava coisas, tinha idéias, chutava para mim, e eu ia escrevendo. Ele estava sem condições físicas de fazer mais do que isso. Já no caso do Wilsinho, em *Os Imigrantes*, dividíamos a escrita de capítulos. A gente fazia uma semana um, uma semana outro; ou então, um ficava um tempo sem escrever e depois substituía o outro. Dependia de quem estivesse estourado, cansado. E havia o agravante que estávamos pegando uma novela em andamento. Então não havia muito o que se inventar, mais uma condução... Claro, sempre há o que inventar. Principalmente aquela novela, que se caracterizou pelas gerações. Tinha uma geração, depois vinham os filhos, e depois os netos. Chegou a quatrocentos e tantos capítulos. Nos demos muito bem, eu e o Wilsinho. Ele era um cara muito bacana. Parece mentira que ele era filho de um indivíduo que eu conheci como censor da Globo, o Wilson Aguiar. Este era um *gentleman*. Um homem educadíssimo, finíssimo, mas era censor no *set* do *Vila Sésamo* (1972). Ele ia para a TV Cultura e ficava lá, observando amistosamente o Chico de Assis e eu fazermos os textos do *Vila Sésamo*. Por incrível que pareça, uma história para criança, mas na época, eles vigiavam tudo mesmo.

LAURO: A Renata lembrou de um detalhe, um ruído forte, durante a ditadura, que era a censura. Aquilo era um absurdo. Eu não podia citar o nome do Juscelino Kubitscheck na *Escalada*, por exemplo. O nome de um ex-presidente do Brasil.

RUBENS: Mas que na novela era o atual presidente.

LAURO: Exato. E a novela passava pela construção de Brasília. Eu não podia citar o nome do Juscelino, nem JK, nada. Eu tentei de todas as formas. O único caminho que eu encontrei para burlar a censura, foi fazer o personagem do Otávio Augusto, um deputado, assobiar o "Peixe Vivo". Foi o modo de falar do Juscelino. A coisa chegou num nível tal de absurdo...

RENATA: Era ridículo! Havia momentos que a censura era ridícula.

LAURO: Esse foi um dado de ruído que nós vivemos fortemente. E driblar a censura era a nossa guerrilha permanente.

RUBENS: Vocês tinham que reestruturar textos devido à pressão?

LAURO: Muitas e muitas vezes.

JEAN-CLAUDE: A censura incidia sobre o capítulo já gravado ou sobre o texto?

LAURO: As duas coisas. A gente enviava para eles o capítulo gravado, a fita, com uma certa antecedência, uma semana antes de ir ao ar e junto ia o texto também. Então eles assistiam o vídeo com o texto na mão, verificavam se havia uma relação, se alguma rubrica sugeria alguma subversão de gestos ou expressões. E eles viam sempre chifres em cabeças de cavalos, como viram no cinema, no teatro. Aquelas coisas absurdas e ridículas. Essa do Juscelino... Uma vez tive o privilégio de ser convidado pelo próprio Juscelino para jantar na casa dele, conhecê-lo na intimidade. Assistimos juntos a um capítulo de *Escalada* e passamos uma noite falando sobre as coisas terríveis daquele momento. Um ano depois ele morreu...

JEAN-CLAUDE: Você já construía a sinopse da novela em função da censura?

LAURO: Ah, sim, mas não adiantava. A coisa era tão absurda que não adiantava. Por exemplo, em *O Casarão*, havia um casal em crise, vivido pelo Armando Bogus e a Renata Sorrah. A censura não admitia a guerra conjugal, pois desestabilizava a família. Podia haver pequenas discussões, mas não naquele nível que eu estava propondo, de agressão, de confrontação. E ela já flertando com o Paulo José, que era um personagem que trazia um mundo novo para ela. Eu tive que modificar totalmente a relação da Renata com o Bogus, devido à censura. Outra coisa que me foi impedida, mas numa outra instância, foi fazer uma relação de um judeu com uma não judia. Houve uma pressão enorme, mas isso não foi da Censura Militar.

RUBENS: Em que novela?

LAURO: No *Casarão* também. Isso é bem misterioso pra mim até hoje. Em um momento veio uma ordem: "Olha, esse personagem não pode existir". Forças ocultas. Tivemos que tirar esse núcleo de personagens.

JEAN-CLAUDE: Qual era a objeção aí?

LAURO: A objeção é que mostrava uma rigidez de um núcleo familiar judeu, que tinha dificuldade de aceitar uma *goi*. Não era conveniente discutir esse assunto. Não era permitida, também, qualquer possibilidade de beijos inter-raciais. Negros com brancos, nem pensar. Isso até o início da década de 1980. Hoje se faz novela sobre esses assuntos todos.

RENATA: Em *Os Imigrantes*, nós também tínhamos problemas ao tratar do regime franquista. Era preciso tomar muito cuidado, afinal Franco ainda estava no poder. A imigração espanhola tinha tudo a ver com política; uma boa parte dos imigrantes espanhóis tiveram que fugir do país. Então, tinha que tomar todo o cuidado do mundo com esses personagens.

RUBENS: E hoje, pode-se dizer que existe algum tipo de censura, de ordem interna da emissora?

LAURO: Há uma vigilância sutil, cuidadosa.

JEAN-CLAUDE: Sobre o que incide? Temas?

LAURO: A coisa é muito mais aberta hoje. É possível se falar de todas as coisas que eram proibidas de se falar na década de 1970. Lesbianismo, por exemplo. Nessa novela atual do Aguinaldo, *Senhora do Destino*, há um casal de meninas, repetindo uma novela anterior. Isso era impossível naquela época. Qualquer tipo de menção ao homossexualismo. A coisa era sugerida sutilmente. Isso eu fiz em *Roda de Fogo*, com o personagem do Cécil Thiré, que tinha um mordomo. Era uma coisa que tinha que ser feita com muita sutileza. Muito cuidado. Hoje a coisa é bastante aberta. O próprio Sílvio de Abreu teve que tirar duas personagens homossexuais da sua novela.

RUBENS: Isso não faz muito tempo, não. Foi em *A Próxima Vítima* (1998). Ele teve que matá-las. O Gilberto Braga também uma vez, em *Vale Tudo* (1988), teve que matar o personagem da Lala Deheinzelin num acidente de automóvel, pois ela era lésbica.

RENATA: Hoje as pressões que a gente recebe que correspondem à censura, são pressões muito fortes às quais você tem que se curvar, porque senão você morre de fome. Então a gente recebe pressão de editoras, de jornais, pressões de todos os tipos, disfarçadas, com ameaças veladas, oportunidades recusadas. Tem certas coisas que você não consegue, certas idéias que você não consegue veicular livremente, mas não é porque te proíbem, não é isso, mas vão te cercando: "Você vai perder isso; você está ameaçada de não ter aquilo". Então o mundo está te apertando. Não é expressa, por escrito, como era na censura, mas existe sim uma censura.

JEAN-CLAUDE: Mas isso em relação a que temas? Que assuntos?

RENATA: Pode ser temas de ordem moral. Pode ser inter-racial. Pode ser político. Há uma série de coisas...

JEAN-CLAUDE: Isso não vem da emissora?

RENATA: Não, não vem mais da emissora. Pelo menos abertamente, assumidamente. Eu acho que agora elas vêm por caminhos diferentes. A coisa está toda muito mais sofisticada.

JEAN-CLAUDE: Pressionam a emissora ou pressionam o autor?

RENATA: Pressionam o autor.

JEAN-CLAUDE: De que forma?

RENATA: Ameaçando você de não ter acesso a certos caminhos.

RUBENS: Se você seguir por esta linha dramática...

RENATA: Você está ameaçado de não ter acesso a certas coisas. Por exemplo, atualmente eu tenho um assunto em mãos que eu quero tratar, quero escrever um artigo. Claro, aí já não falamos de TV, no caso. Enfim, dependendo do tom do assunto, ou eu posso publicá-lo no *Estado* (jornal *O Estado de São Paulo*), ou eu posso publicá-lo na *Folha* (jornal *Folha de São Paulo*), ou eu posso publicá-lo na *Caros Amigos* (revista). Cada um desses lugares te abre ou te fecha. É preciso saber como você vai se comportar, de acordo com o círculo que você está entrando.

LAURO: Eu acho que hoje a censura de novela é mais quantitativa. Ou seja, você expõe o tema um pouco mais ou um pouco menos do que gostaria. Nada está vetado. Mas tome cuidado com determinados assuntos, determinadas frases, alguns palavrões são permitidos, outros não.

RENATA: Você teve que mudar uma vez o ramo de negócios, de serviços, de um determinado grupo em uma novela tua para fugir da analogia com uma empresa que estava patrocinando a novela. Lembra disso? Tinha a Nestlé no meio.

LAURO: Ah, *As Gigantes* (1979). Essa foi uma loucura, impressionante o que aconteceu. Permitiram que eu fizesse a novela, que se discutisse a questão das multinacionais. Da coisa que vem pronta de fora e que, de certa forma, matava a empresa nacional. Havia na novela uma empresa nacional que produzia leite e vinha uma multinacional que acabava sufocando a empresa nacional. Eu botei na multinacional o nome de Eltsen, que na verdade é Nestlé ao contrário. Isso foi uma bobagem minha, eu admito. Foi uma molecagem, que eu não faria hoje. Custaram a perceber meu truque. Só perceberam quando um personagem apareceu diante do espelho e aí todos leram Nestlé.

RUBENS: Houve represálias?

LAURO: Enormes. Eu tive que mudar tudo. Eu estava impedido de usar a palavra multinacional, mudei também o ramo da empresa; não era mais leite. E eu me negava naquele momento também a fazer *merchandising* de produtos estrangeiros. O *merchandising* estava nascendo. Estava se criando o departamento de *merchandising*. Então me trouxeram uma série deles para fazer e eu deixei de lado os produtos não nacionais, para ser coerente com o tema de minha novela. Era um outro momento. Hoje, falar isso parece uma idiotice, mas naquele momento, 1979, era uma plataforma de luta. E eu acabei sendo despedido da Globo, após a novela. Aí, fui trabalhar na Bandeirantes, onde fiz uma outra novela, *Rosa Baiana* (1981). Hoje, eu admito. Foi um abuso meu, fui inábil, fui imaturo. Eu lidei muito bem com isso na *Escalada*, mas não em *Os Gigantes*.

RUBENS: O Ibope hoje pode ser considerado um tipo de censura?

LAURO: Censura não, mas um elemento de pressão muito grande.

JEAN-CLAUDE: Vocês recebem os boletins?

LAURO: No dia seguinte, a gente recebe, minuto a minuto, todo o comportamento da novela em relação à audiência. Isso vem em fax. Pelo menos vinha, em 1997. Eu acordava tarde, pois trabalhava à noite, a primeira coisa que eu via eram aqueles números no aparelho de fax. "Eu não vou olhar", eu prometia para mim mesmo. Mas você passava três, quatro vezes por lá e estavam aqueles números todos gritando: "Veja o que aconteceu ontem com a tua novela!". Aí eu pegava aquilo e analisava, não tinha como escapar. É curioso analisar o capítulo que você viu no dia anterior, em função da resposta do público. Já se descobriu que alguns atores provocam uma queda na audiência quando eles estão presentes. Uma vez, na Globo, eu estava com o Paulo Ubiratan, diretor já falecido, assistindo a um capítulo de uma novela das sete. Ao lado, tinha um monitor com a audiência minuto a minuto. Então o Paulo me disse para observar os números da audiência no momento em que determinado ator entrasse em cena. A experiência do Paulo era grande. Não deu outra. O ator antipático para o público naquele momento entrou e imediatamente houve uma queda de três, quatro pontos. O ator saiu, e a novela voltou ao nível anterior. É muito interessante isso. É um fator de ruído, fator aleatório. É claro que o autor é informado disso.

RUBENS: E isso acaba influenciando o autor, que acaba escrevendo menos cenas para determinado ator.

LAURO: Com certeza. Por que ele vai se arriscar escrevendo para um personagem que o público vê com tanta antipatia?

RENATA: O personagem acaba perdendo. E o ator junto.

RUBENS: Que mudanças vocês já tiveram que fazer em termos de perfil de personagem, trama, subtrama, devido à resposta do Ibope? Algo que vocês estavam apostando e, de repente, não teve uma resposta boa.

LAURO: Eu tenho várias situações assim, mas a mais gritante foi na última novela e foi um dos fatores que me levaram a desistir de fazer novela, por irritação, profunda irritação. A *Zazá* até o capítulo setenta ia bem. Depois, como eu não soube orquestrar os vários colaboradores, a audiência começou a cair. Caía muito rapidamente. Estava dando trinta e dois, trinta e três pontos, o que já não era uma grande audiência, e começou a beirar vinte e nove, vinte e oito. Daí imediatamente acende-se o sinal vermelho. Eu fui então chamado para uma reunião, onde me sugeriram que dramatizasse a personagem, que era cômica. Era uma personagem farsesca, vivida pela Fernanda Montenegro. Ela era uma milionária excêntrica e se julgava filha do Santos Dumont; voava numa réplica do 14 bis. Era uma grande brincadeira, uma coisa lúdica. E eles acharam que a solução era dramatizar a personagem, fazê-la perder tudo e ficar numa situação de penúria, quase miséria. E eu aceitei a sugestão. Foi um desastre monumental, porque aí a audiência caiu muito mais. A sugestão que eles me deram foi um desastre. Uma sugestão dada por um grupo de pessoas que tem poder é uma pressão, não deixa de ser uma pressão. Não era "Faça ou você está fora do jogo", não era isso, mas...

RUBENS: Mas se você vai contra a sugestão, você tem que bancar.

LAURO: Você tem que provar, e eu estava fragilizado, pois a audiência não era boa. No fim, aquilo destruiu completamente a personagem. No que se perdeu a personagem, se perdeu a novela, se perdeu tudo. E aí a audiência realmente caiu bastante. E para piorar a situação, eles não conseguiam definir qual seria a novela que substituiria a *Zazá*. E me pediram, quando eu estava caminhando para o final, para eu esticar mais cinqüenta capítulos. Mais dois meses!

RUBENS: Nossa, que terror!

LAURO: A novela teve 215 capítulos. Nesse momento, me parecia que era um tiro de misericórdia. Então, era mesmo para matar. Quando terminei a novela, eu disse: "Não faço mais". Esse processo tão industrial, com tantos colaboradores, e essa pressão, essas sugestões tolas, sugestões não ponderadas com profundidade, eu desisti, eu me afastei.

RUBENS: Nesse sentido, o público brasileiro não é ingênuo dramaticamente.

RENATA: Já não é mais.

RUBENS: Ele não aceita mudanças aleatórias por uma questão de conveniência da empresa, da Globo, no caso.

LAURO: O público é mais inteligente do que a gente julga.
RUBENS: Já são quarenta anos de telenovela.
RENATA: A experiência dele é muito grande. O público de telenovela brasileiro é como o público de futebol brasileiro. Ele sabe muito. Ele é exigente. Ele sabe o que é bom e o que não é. Ele não aceita qualquer enganação.
JEAN-CLAUDE: O que esse público sabe? Quando você diz que ele sabe muito.
RENATA: Olha, ele sabe muito com relação ao gênero. Por exemplo, confrontando com os públicos que eu conheço. Eu acho que o público cubano sabe muito de cinema, e nós não sabemos de cinema. Por quê? O público cubano teve a oportunidade de se familiarizar com o bom cinema ao longo de quarenta anos. Por todo esse período, ele vem recebendo um cinema bom, selecionado; ele tem acesso fácil a esse cinema. Ele foi se educando. Foi aprendendo, pouco a pouco, a conhecer o bom cinema e, hoje em dia, ele tem um gosto surpreendente para um público comum, que o nosso público brasileiro não tem. Nosso público prefere as piores coisas, na verdade. O contrário disso acontece tanto com o futebol como com a telenovela. São quarenta anos de telenovela e oitenta anos de futebol. E o público vai vendo, vai assistindo, vai conhecendo a estrutura, vai conhecendo as minúcias, os esquemas, vai se acostumando, vai melhorando, pois sem dúvida nenhuma a nossa telenovela é melhor que a telenovela mexicana, a telenovela venezuelana, a colombiana, e outras, que nem são bem telenovelas. Ele vai conhecendo a nossa evolução. Ele percebeu quando a gente passou de *O Sheik de Agadir* (1966) para assuntos brasileiros, para uma intervenção de comédia, uma ponta de farsa. Começou a arejar o mundo da telenovela, começou a escapar das bobagens *Glória Magadanescas...* Ele foi se acostumando com isso. Ele foi aprendendo a reconhecer o que é melhor dentro do gênero.
RUBENS: Eu acompanhei a última novela das oito, *Celebridade* (2003), do Gilberto Braga. E o melhor personagem da novela era o Renato Mendes, feito pelo Fábio Assunção. Era um vilão muito bem construído, com muito charme, totalmente amoral, e ele caiu no gosto popular. Ainda mais que o ator fazia muito bem, o que alimentava esse gosto. No último capítulo, logo no início, ele comete um crime e é levado preso. E o capítulo continua até o fim, e ele não aparece mais. Eu fiquei revoltado. Como o quase protagonista não aparece mais uma vez, para se vislumbrar o que teria acontecido a ele, como ele estaria na prisão, o que ele estaria aprontando? E no dia seguinte, ouvi comentários pelas ruas, desde jornaleiro, empregada doméstica, pessoas no ponto de ônibus, taxista, dona de casa, socióloga. O que todos reclamavam? "Cadê o personagem do Renato? Por que ele não apareceu no final?". As pessoas sabem das regras. Sabem bem.

JEAN-CLAUDE: Considerando tudo o que já foi dito aqui, como poderíamos pensar a construção da novela, já que ela não é escrita até o final de seus 215 capítulos. Eu não vejo telenovela. Uma vez eu tive um acidente, fiquei três meses de cama e acabei vendo *A Próxima Vítima*. Aí eu via todo dia, tomava nota, e achei uma dramaturgia muito complexa, muito profissional. E uma das coisas que eu me perguntava era se havia determinados procedimentos por parte do autor que lhe deixava determinadas reservas de evolução, numa ou noutra direção. Por exemplo, um determinado personagem tinha um irmão, o qual não aparecia, pois estava viajando. Aí eu pensei, não sei se corretamente ou não, que esse irmão poderia aparecer na novela ou poderia não aparecer. Como se ele fosse uma reserva que poderia ser mobilizada se necessário. E, de fato, muitos capítulos depois, ele apareceu. Então queria que vocês falassem também dos princípios construtivos dentro dessa situação, as etapas pelas quais vocês passam, como sinopses e outros procedimentos, e quais são as técnicas a que vocês recorrem para poder responder a essas mudanças necessárias, a essa vitalidade.

LAURO: O Daniel Filho, quando dirigia novelas, fazia questão de dizer para os atores não fecharem as possibilidades de comportamento. "Olha, você não é uma pessoa extremamente boa, não. Você é o herói da história, mas não trabalhe só esse lado do personagem. Trabalhe a possibilidade também de ele ser um personagem negativo em determinado momento, pois nós estamos fazendo um trabalho em aberto. É a vida". E ele colocava isso com muita clareza para os atores. Para eles nunca fecharem totalmente seus personagens. Sempre darem uma ambigüidade aos personagens. O que era muito bom, pois enriquecia o trabalho. Hoje, eu não vejo isso, não. Eu vejo a coisa mais esquemática. O Daniel sabia que a coisa estava aberta para um futuro incerto, como a vida.

JEAN-CLAUDE: E vocês, como autores, como dramaturgos, como se comportam, como se articulam diante desse futuro incerto?

RENATA: O autor faz uma sinopse o mais detalhada possível, mas sem fechar as possibilidades, como o Daniel advertia os atores. Você é o protagonista sim, você é o bonzinho, você é o herói, você é o vilão, mas toma cuidado, porque alguma coisa pode acontecer, alguém ainda pode surgir, um personagem novo, eu diria que sempre surge. Sempre. Até para salvar uma audiência, para salvar uma barriga, que é aquela baixa de uma novela, até para enriquecer determinado enredo, ou até para substituir alguém que morreu, como aconteceu agora na *Senhora do Destino*. Havia uma mulher que era a Miriam Pires, que estava fazendo muito bem o seu papel de governanta da casa. Ela tinha muita função, muita ação dramática. E, de repente, a atriz morreu. Então foi preciso inventar. Mas já estava lá, no fundo do baú, uma filha dela, a qual nunca tinha aparecido.

RUBENS: Mas já tinha sido citada?

RENATA: Tinha sido mencionada. Enfim, aparece a filha dela. Ao mesmo tempo, uma empregadinha, que era uma mera segunda empregada, toma o lugar da personagem morta como governanta da casa e esta filha aparece para fazer um papel que tem uma certa função, uma certa importância. Então, essas coisas a gente sabe que acontece, portanto as sinopses nunca são fechadas.

RUBENS: Mas a sinopse já não prevê um final, um possível final?

LAURO: Olha, em geral, eles pedem esse final sim, mas ninguém...

JEAN-CLAUDE: Eles quem?

RENATA: A emissora.

LAURO: A emissora tem os leitores. O diretor artístico tem seus leitores e distribui aquela sinopse para vários leitores e cada um faz um relatório. Ele conclui em cima desses relatórios. E, geralmente, esses leitores exigem um final. Eles querem um final. Mas é evidente que não é possível você fazer um final, prever um final numa sinopse, se você tem duzentos capítulos pela frente. Muitas coisas acontecem. Aleatoriamente. Muitos ruídos. Muito caos...

RENATA: Mas também não é uma coisa que está obrigada por lei. Você dá o final e depois você muda.

JEAN-CLAUDE: Diante dessa possibilidade de ter um ou outro final, ou diversas linhas de condução, como tecnicamente vocês atuam? Porque vocês não têm muito tempo. Qual é o tempo da escrita em relação à gravação?

LAURO: É muito curto. Às vezes acontece de você escrever hoje e gravar em três, quatro dias.

RENATA: Geralmente é uma semana.

LAURO: Numa média boa, em uma novela que esteja correndo adiantada. Eu sei, por exemplo, que o Benedito Ruy Barbosa há pouco tempo ficou doente, numa novela em que foi substituído pelo Walcir Carrasco, *Esperança* (2002). Ele escrevia dez páginas e já mandava essas páginas e elas já eram gravadas quase que na ordem das cenas. Eu mesmo tive uma experiência desse tipo, substituindo o Manoel Carlos na novela em que morreu o Jardel Filho, *Sol de Verão* (1983). Eu escrevia um capítulo hoje, para ser gravado amanhã e ir ao ar depois de amanhã. Uma loucura!

RENATA: Você tem que ter em cada capítulo um acontecimento relevante. Cada capítulo tem que dar um passo adiante na evolução da ação, na evolução dos acontecimentos. Você não pode fazer um capítulo em que nada de importante aconteça. Aquele capítulo que quando termina, a mãe vira para a filha e pergunta: "E daí?". Isso não pode. Não serve. Tem que ter uma mudança, um passo avante. O autor procura dosar, fazer uma espécie de esquemão, se é que isso é possível; o Carlos Queiroz Telles fazia, mas acho isso loucura. Um esquemão dos duzentos capítulos, onde ele vai fazendo um grande mapa. "Olha, aqui no capítulo dez, aparece um personagem novo.

No capítulo vinte e cinco vai haver uma mudança séria; morreu um personagem e alguém vai ter que reaparecer. Aqui no capítulo cinqüenta, a gente vai ter uma revelação que vai refrescar o conjunto". É preciso ponderar por toda a novela os pontos onde as coisas efetivamente contenham uma mudança grande. Seria como ir fazendo uma variação quantitativa capítulo a capítulo; você vai acrescentando, vai acrescentando e, de repente, no capítulo quinze ocorre uma virada mesmo. Aquela personagem que você pensava que era a filha da protagonista, você descobre que não é mais a filha dela. Aí sim há uma mudança qualitativa. Então o grande problema, na minha opinião, de um dramaturgo de telenovela, hoje em dia, é não falhar em nenhum capítulo sem um passo avante na ação dramática e tomar cuidado para que esses pontos importantes, esses *turning points*, sejam efetivamente uma mudança que vai reacender o interesse do espectador. Pode ser um personagem novo que aparece, ou então um que já existia e ganha uma nova força...

LAURO: Tem vários personagens que estão lá, escondidinhos, e que você descobre e alimenta. Tem personagens fantásticos que crescem muito. Às vezes não só porque o público gosta do personagem, mas porque você sente no personagem um caminho bom para a história, para uma virada, uma guinada na história, para surpreender em algum momento.

RENATA: Há uma coisa que a gente não pensa, mas existe. Não é só a história da novela que vai se modificando. Nós, os autores, também vamos nos modificando. Nós também recebemos alimentação da vida, situações que acontecem com a gente, coisas que as pessoas nos falam. A cabeça da gente que, de repente, começou a funcionar para um lado que não estava funcionando antes. O autor também está se modificando.

RUBENS: Ele também é uma obra em aberto.

RENATA: Ele está vivo.

RUBENS: Pois é, como essa dinâmica da vida influencia?

RENATA: O tempo todo.

JEAN-CLAUDE: Você teria casos concretos?

RENATA: Eu me lembro que enquanto estava fazendo *Os Imigrantes*, aconteceu de eu fazer uma entrevista com o meu avô italiano, sem nenhuma relação com a novela. Ele estava já muito velhinho e, enfim, nós estávamos desconfiando que ele ia morrer logo, como de fato morreu. E aí, um primo meu de Curitiba me perguntou se eu não queria fazer uma entrevista com o *nonno*. Peguei o gravador e fui. E as coisas que esse velho me contou que não eram exatamente o que eu esperava; eu fui perguntando por um caminho, ele foi me respondendo por outro. Ele foi me contando como ele e um amigo, os dois muito jovenzinhos, enfrentaram a febre amarela no Rio de Janeiro. O que eles fizeram; o amigo dele ficou doente, então ele teve que mentir, dizer que o amigo não estava com a febre, senão todos fugiriam deles. Eu perguntei se ele não tinha contraído a febre e ele me respondeu que não, não sabia como, pois estava sempre junto do amigo, o qual não morreu, mas ficou gravemente doente. Então esse fato, que aconteceu num domingo em que eu estava de folga, me deu uma refrescada. De repente, comecei a pensar nisso, afinal tinha um imigrante italiano na novela. Enfim, esses acontecimentos, essas coisas que vão nos acontecendo, alimentam os nossos personagens e a história. Ressalvando que quando a gente está escrevendo uma novela não acontecem muitas coisas. Também, a gente quase não sai da frente do computador.

LAURO: Mas as coisas chegam até a gente.

RENATA: As coisas do mundo, as guerras, as batalhas, as mortes.

LAURO: É inevitável. No *Araponga* (1990), por exemplo, que eu estava fazendo com o Dias Gomes e com o Ferreira Gullar, nós fomos surpreendidos com a queda do muro de Berlim. A coisa foi tão rápida. Nós estávamos fazendo com uma antecedência grande, tranqüilamente, escrevendo num mundo dividido entre socialismo e capitalismo. Nós fomos surpreendidos por essa virada no mundo; a novela já estava no ar e aí tudo perdeu um pouco o sentido. Nós já tínhamos escrito até o capítulo sessenta quando houve aquela virada e ficamos perplexos com tudo o que estava acontecendo. Nós, três comunistas, ou... simpatizantes.

RUBENS: O personagem principal, interpretado pelo Tarcísio Meira, era um militar, não?

LAURO: Não, ele era um agente do Serviço Nacional de Informações.

JEAN-CLAUDE: E como isso repercutiu no trabalho?

LAURO: Nós paramos para rediscutir toda a novela. Estávamos falando sobre uma coisa que tinha ficado anacrônica de uma maneira muito rápida. Em sete, oito semanas o mundo foi mudando de uma maneira tão rápida, que a novela ficou velha de repente. Nós três fazíamos auto-crítica o tempo todo. Parecia reunião do Partidão. A gente dizia um para o outro: "Isso já acabou. Isso não faz mais sentido...".

RUBENS: Vocês conseguiram se rearticular?

LAURO: Conseguimos, mas com uma defasagem, pois tínhamos muitos capítulos à frente. A novela não foi muito bem. Ela foi colocada no ar num horário para enfrentar o *Pantanal* (1990), que estava fazendo muito sucesso na Manchete, estava incomodando a Globo. E deu para segurar o *Pantanal* um pouquinho. Mas *Araponga* era inferior ao *Pantanal*.

RUBENS: Vocês assistem à novela enquanto escrevem?

LAURO: Assisto e gravo.

RUBENS: E esse espaço como espectador influencia a escrita de vocês, no sentido de observar as performances dos atores, a funcionalidade da trama?

RENATA: Claro. A visão do realizador, a nossa visão do próprio trabalho influencia bastante.

RUBENS: É bem diferente ler um capítulo escrito e ver um capítulo gravado, pronto.

RENATA: É como ler uma peça de teatro e depois ir assistir à estréia.

LAURO: A gente descobre caminhos assistindo, que não estavam previstos.

JEAN-CLAUDE: Você pode dar exemplos?

LAURO: O próprio Tabaco, que já citei no início, talvez seja o melhor exemplo de um personagem que era secundário, era um motorista, para fazer um contraponto de humor, e que cresceu espantosamente, por causa da aceitação popular. E a gente sentia que o ator estava muito bem; o Osmar Prado pegou tão bem aquele personagem, que dava para criar várias situações novas para ele. E isso assistindo mesmo, assistindo a interpretação do Osmar. E, ao contrário, quando o ator faz mal o personagem, a tendência que você tem é abafar o personagem. Isso é inevitável. O espectador não gosta... Agora, comigo, aconteceu uma coisa maluca. Foi em *O Salvador da Pátria* (1989). O Boni e o Daniel me chamaram para fazer uma novela contemporânea, no ano das eleições. "Depois de *Vale Tudo*, vamos fazer alguma coisa que fale sobre essa abertura do Brasil", então *Salvador da Pátria* realmente parecia o grande caminho. Eu tinha feito antes um *Caso Especial* chamado *O Crime do Zé Bigorna*, e eu retomei essa história por sugestão do Daniel Filho: "Pega o personagem do Zé Bigorna e vamos desenvolver aquela história". Eu achei boa a idéia, fazer aquele homem simples crescer muito. Assim eu bolei uma parábola de tomada de consciência de um homem do povo. Ele iria ser manipulado pelas forças políticas da cidade até o momento em que tomaria consciência e começaria a agir de uma forma contrária aos poderes constituídos. O personagem era do Lima Duarte, o Sassá Mutema, analfabeto, que se alfabetizava e se apaixonava pela professora. Era muito inteligente, embora fosse um homem bronco. Por uma circunstância da trama, ele tornava-se muito popular em sua cidade, ascendia politicamente, era usado pelos poderosos da região e tornava-se um grande líder. E eu comecei a sofrer pressão da esquerda, do PT, que achava que eu estava fazendo uma novela para criticar o Lula, e da direita, achando que eu estava enaltecendo o Lula. Na verdade, vivíamos uma situação de Lula contra Collor, e outros candidatos ali no meio, mas a disputa se bipolarizou num determinado momento e ficaram os dois. A Luiza Erundina, na época prefeita de São Paulo, fez uma crítica violenta contra *O Salvador da Pátria*, achando que a intenção da Globo era destruir o Lula com o personagem do Sassá Mutema. E não era. Não era mesmo! É que ela estava pegando apenas um momento da novela em que Sassá era manipulado. Mas eu queria que ele fosse primeiro manipulado e depois, dinamicamente, tomasse consciência do processo todo e se tornasse independente, tomando atitudes positivas. A Erundina não teve tempo de esperar o processo de tomada de consciência do personagem. Mas a coisa complicou num tal nível, que um dia eu fui chamado na Globo e me disseram: "Não se fala mais do assunto político". Pois, segundo eles, o personagem estava fortemente conduzindo a novela ao que parecia ser um apoio ao Lula. Parecia que eu estava fazendo a novela só para apoiar o Lula. Porque o personagem já estava num processo de independência dos poderosos, já tinha consciência. Vou contar um trechinho da trama que eu pretendia fazer: Sassá estava sendo cooptado para ser candidato a vice-presidente por uma organização de narcotráfico. O plano era esse. Eles o levariam ao poder, matariam o presidente e dominariam o país através dele, que assumiria o poder. Mas, no final, consciente, ele se revelaria contra o narcotráfico e se tornaria independente. Lembram que a abertura da novela era o Sassá Mutema subindo a rampa do planalto? Mas toda essa minha trama foi abortada. Me chamaram e me disseram: "Nada disso. Ele não vai ser mais um político com poder. Vamos desviar o assunto; o Sassá vai apenas combater o narcotráfico". Ou seja, virou um policial. E aí abortou toda a minha idéia de fazer a ascensão dele, a parábola que eu pretendia. Eu queria saber o porquê e ninguém me dizia. Aí, nos corredores da Globo, começou a correr uma informação de que Brasília estaria impondo isso, pois iria influenciar as eleições. Será? Era ano eleitoral e a novela fazia um enorme sucesso. *O Salvador da Pátria* é o segundo maior sucesso de todos os tempos da telenovela brasileira.

RUBENS: Não era só um mero ano eleitoral. Era a primeira eleição para presidente depois de mais de vinte anos.

LAURO: Mas não foi possível completar esse trabalho. Chegou a mim uma informação de corredor de que seria uma interferência direta do então ministro da Justiça, Oscar Dias Correia. Isso não era dito oficialmente, apenas *zum-zum* de corredores. Talvez a trama pudesse mesmo favorecer o Lula e naquele momento não era interesse de ninguém favorecer o Lula. Tinham medo do Lula.

RUBENS: Voltando um pouco à questão dos colaboradores, ficamos muito no terreno da dramaturgia, quer dizer, o autor trabalhando com seus roteiristas colaboradores. E como se dá a interação com o diretor? Existe um diálogo, uma troca de estímulos?

LAURO: Eu tinha um casamento perfeito com o Daniel Filho. Um entendimento maravilhoso. Têm coisas lindas que eu aprendi com o Daniel. Tem uma que eu adoro contar. Eu estava no carro com o Daniel e estávamos bolando *O Salvador da Pátria*, juntos. Ele era o diretor artístico da Globo, outro diretor ia dirigir, mas ele que ia implantar a novela. Ele estava preocupado, eu percebi e perguntei: "O que está te grilando?". Ele disse que tinha uma coisa que o estava incomodando, eu quis saber o que era, ele se virou e disse: "É o tom! Eu não sei qual é o tom que você vai usar. Qual é o tom?". Eu realmente não sabia. O projeto estava nascendo e eu disse que ainda iria pensar sobre o assunto. Daí ele me perguntou se eu conhecia "Night and Day", do Cole Porter. Eu disse que sim. Ele então me perguntou se eu conhecia a introdução do "Night and Day", e me cantarolou a música; a introdução, monotonamente, e depois abriu a goela entusiasmado com a melodia. "Eu não quero a introdução. Eu quero já a melodia, no ponto forte". Eu entendi tudo. Claro, ele não quer a música nascente. Ele quer a explosão melódica, com as coisas já acontecendo. O crime que deflagra toda a ação até o décimo quinto capítulo. "Não quero o semitom, porque você, às vezes, Lauro, tem a mania de ficar no *nheco-nheco* da psicologia sutil dos personagens. Não! Faça o sol! Faça a coisa aberta, épica. Contraponha claramente os personagens". E a musiquinha que ele cantou dizia o que ele queria. O Daniel é assim. Ele passa para você as coisas com exemplos dessa natureza. Ele não é um teórico de dramaturgia, mas ele tem uma tremenda intuição, uma incrível sensibilidade.

RENATA: Eu aprendi a admirar o Daniel Filho depois que eu vi a diferença que era trabalhar em *Malu Mulher* (1977) e *Joana* (1986). Os dois seriados com a Regina Duarte. Os dois, mais ou menos, com a mesma história. Em ambos, eu trabalhava sobre uma mulher sozinha, que tem de batalhar a sua vida. Os escritores das duas séries não eram os mesmos, mas eram equivalentes. Os atores também não eram os mesmos, mas também eram equivalentes, com a Regina na cabeça. *Malu Mulher* foi um sucesso internacional, extraordinário, que até hoje se fala. De *Joana*, ninguém mais fala. Claro, *Malu Mulher* tinha a grande qualidade de ser a primeira. E também, verdade seja dita, há o fato de que *Joana* não foi veiculada pela Globo, que na época estava brigada com a Regina Duarte. *Joana* passou em várias emissoras, SBT, Manchete, Bandeirantes. Mas a diferença de qualidade das duas séries é incrível. Daniel dirigiu *Malu Mulher*, mas não dirigiu *Joana*, e aí reside toda a diferença. Pois o coordenador de texto de *Joana* era o Manoel Carlos, um senhor escritor, dramaturgo, roteirista. Mas *Joana* não acontecia. Pois faltava a mão do Daniel.

RUBENS: Mas, às vezes, no decorrer de uma novela, pode haver um embate, um diálogo mais crítico entre dramaturgo e diretor?

RENATA: Eu não consegui continuar trabalhando no SBT, já na década de 1990, porque era o Walter Avancini o diretor. E o Avancini era um gênio. Mas era muito difícil trabalhar com ele. Ele dominava todo o processo. Ele dominava todo o conjunto. Ele impunha. Ou você dizia "amém" ou você saía fora, que foi o que eu fiz. Ele já tinha a história na cabeça, ele já tinha os personagens na cabeça, só lhe faltava escrever, mas ele não tinha paciência para fazer isso. Era um sujeito competentíssimo, mas virou um imperador.

LAURO: Ele tinha uma coisa de imperador, sim, uma coisa meio autoritária. Essa coisa do diretor... Eu me dei muito bem com o Daniel, com o Denis Carvalho que é da escola do Daniel; me dei bem com o Waddington, no *Roda de Fogo*; mas já me dei mal com outros diretores. Um deles, na edição, fazia a história que ele queria. Cortava muito. Aí entrei em choque direto com ele. Escrevendo uma minissérie, eu descobri uma história muito interessante envolvendo o Guimarães Rosa, na época em que era cônsul na Alemanha. Em plena fase nazista, ele conseguiu a liberação de muitos judeus para vir ao Brasil, carimbando o passaporte com uma cruz em vez do "J" de judeu. Eu coloquei esse fato na minissérie, mas o diretor cortou. Ele achou que isso não tinha a menor importância. E era uma informação relevante, envolvendo Guimarães Rosa, que eu queria passar ao espectador brasileiro, uma informação que eu não sabia e descobri no processo de trabalho, mas para o diretor, isso não tinha a menor importância. Para ele a história do país não interessava, só as relações de amor e ódio entre os personagens. E na edição ele fazia prevalecer sempre essas relações e cortava o resto. Eu botei a boca no trombone no final, mas a Globo tomou o partido dele. Foi parar nos jornais: "Lauro censurado pela TV Globo". E eu não estava me queixando da TV Globo, estava me queixando do diretor que estava cortando coisas importantes na edição.

RENATA: Gente, eu tenho que ir embora.

RUBENS: Acho que já temos um material bem interessante, com vários exemplos de ruídos, flutuações, interações, dentro de um processo de escrita de uma telenovela. Duas horas de gravação. Bárbaro! Acho que deu...

Nos despedimos de maneira amigável e, dois dias depois desse diálogo, recebo um *e-mail* de Lauro, também endereçado a Renata e a Jean-Claude:

> Amigos: Nosso encontro ontem foi muito gostoso: revi Jean-Claude, exorcisei alguns fantasmas (eu estava um tagarela), e achei muito interessante a tese do Rubens. Mais tarde me lembrei de um tema que pode ser analisado pelo Rubens no capítulo relativo à televisão – a influência (futura) da TV interativa na dramaturgia. Ruído? Imprevisibilidade? Há que se considerar que o telespectador agirá diretamente na emissão do produto (odeio este termo) com ação direta na imagem: poderá p.ex. congelar uma cena de telenovela, clicar com o *mouse* em um produto de cena qualquer e comprá-lo com seu cartão de crédito. Nesse caso, a novela será mesmo uma vitrine de produtos. Outras intervenções na ação ficcional acabarão ocorrendo, não num nível tímido como o *Você Decide*, mas de forma muito mais invasora. A TV Digital trará brevemente essa possibilidade. E o cinema como fica nisso? E o teatro? No teatro, já se discute bastante essa questão do "diálogo" palco-platéia... Aleatoriedades... Abraços, Lauro.

RENATA PALLOTTINI, paulista, formada em Direito, Filosofia e Dramaturgia. Já deu aulas pelo mundo. Últimos livros: *Obra Poética*,

1995 (poesia); *Ofícios e Amargura*, 1998 (romance); *Dramaturgia de Televisão*, 1998 (ensaio); *Colônia Cecília*, 2001 (teatro); *Um Calafrio Diário*, 2002 (poesia).

JEAN-CLAUDE BERNARDET, autor de *Brasil em Tempo de Cinema, Cineastas e Imagens do Povo* e *Caminhos de Kiarostami*. Co-autor dos roteiros dos filmes *O Caso dos Irmãos Naves, Um Céu de Estrelas* e *Através da Janela*. Autor dos romances *Aquele Rapaz* e *A Doença, uma Experiência*.

LAURO CÉSAR MUNIZ fez várias novelas, com ênfase para: *Escalada, O Casarão, Espelho Mágico, Roda de Fogo, O Salvador da Pátria*. Em teatro, escreveu *O Santo Milagroso, Sinal de Vida, Luar em Preto e Branco, O Santo Parto*, entre outras. Escreveu os roteiros dos filmes: *O Santo Milagroso, Forever, O Crime do Zé Bigorna, A Próxima Vítima*.

Glossário [1]

ACASO. Cruzamento (intersecção) de duas cadeias independentes de acontecimentos, ou então, de duas cadeias de causalidades independentes. Uma questão fundamental norteia o conceito de acaso: existe o acaso na natureza ou ele é o resultado de nossa ignorância das causas?

ANEL RETROATIVO. Ação do sistema sobre si próprio, por meio de retroalimentação (*feedback*). O estado final do sistema retroage sobre o novo estado inicial, formando um anel, cuja estrutura circular imprime um movimento contínuo e uma circulação incessante de informação. Essas características conferem ao sistema uma capacidade de se organizar e reorganizar continuamente – organização ativa.

AUTO-ORGANIZAÇÃO. Processo dinâmico por meio do qual um sistema aberto e longe do equilíbrio atinge um estado de maior coerência (ordem) interna. Em particular[2], perturbações aleatórias (ruído) são capazes de produzir não somente disfunção e desorganização, mas também uma mudança na organização do sistema até um estado com maior complexidade. A capacidade de auto-organização de um sistema resulta de desorganizações

---

1. Os conceitos foram extraídos das leituras indicadas na bibliografia, em especial de: N. Fiedler-Ferrara. "O Texto Literário como Sistema Complexo", em Gustavo Castro (org.). *Ensaios de Complexidade*, 1998.

2. H. Atlan. *Op. Cit.*, p. 70.

seguidas de reorganizações em níveis crescentes de complexidade.

BIFURCAÇÃO. Bifurcações podem surgir como resultantes de instabilidades (externas ou internas) em sistemas longe do equilíbrio. As instabilidades tiram o sistema de seu percurso anterior e lhe abre novas possibilidades de evolução. A bifurcação é o ponto crítico a partir do qual novos estados se tornam possíveis.

CAOS DETERMINÍSTICO. Sistema dinâmico[3] que apresenta dependência sensível às condições iniciais. Trata-se de um sistema no qual pequenas variações nas condições iniciais podem ser amplificadas pela dinâmica do sistema, levando dois estados inicialmente próximos a outros completamente diversos, depois de um tempo suficientemente longo. Num sistema caótico, a distância entre dois pontos aumenta exponencialmente ao longo do tempo, mesmo que as suas posições iniciais fossem *quase* as mesmas. Caos deve ser compreendido como informação extremamente complexa, e não como ausência de ordem.

COMPLEXIDADE. Sistema rico em informação, organizado em níveis hierárquicos que se retroalimentam continuamente. Em sua organização encontra-se uma extrema quantidade de interações e de interferências entre um número muito elevado de elementos. Nesse sentido, o todo do sistema não é compreendido pelo mero estudo de seus elementos. O sistema é irredutível a seus fatores estruturais, pois além dos elementos, é fundamental analisar as interações entre eles, e entre eles e o meio externo, para uma melhor compreensão do sistema. Outra vertente conceitual é caracterizar complexidade como informação desconhecida pelo observador (aquilo que não compreendemos totalmente) ou como uma medida de informação que nos falta para compreender o sistema.

FLUTUAÇÃO. Variação das condições internas ou externas do sistema. Tal variação pode atingir somente uma pequena fração do sistema, ou o sistema como um todo. A flutuação, dependendo de sua natureza e intensidade, pode ser facilmente assimilada pelo sistema, com quase nenhuma modificação em seu comportamento, como também pode provocar um enorme desequilíbrio, gerando crise e instabilidade.

RUÍDOS. Flutuações aleatórias sem um padrão definido. As causas da ocorrência do ruído nada têm a ver com o encadeamento dos fenômenos que constitui a história anterior do sistema até então. Sua ocorrência é imprevisível, não fazendo parte do programa do sistema. O efeito de sua perturbação pode dar uma nova significação ao sistema.

---

3. Sistema que evolui com o tempo.

Bibliografia

ARISTRACO, Guido; PINGAUD, Bernard *et alli*. *Alain Resnais*. Lisboa, Dom Quixote, 1969.
ATLAN, Henri. *Entre o Cristal e a Fumaça*. Rio de Janeiro, Jorge Zahar, 1992.
AYCKBOURN, Alan. *Intimate Exchanges*. Londres, Samuel French, vols. I e II, 1985.
BAKHTIN, Mikhail. *Questões de Literatura e de Estética (A Teoria do Romance)*. São Paulo, Unesp, 1993.
BORGES, Jorge L. *Ficções*. São Paulo, Globo, 1989.
BRIGGS, John & PEAT, David. *Turbulent Mirror*. Nova Iorque, Harper, 1990.
BROOK, Peter. *O Ponto de Mudança*. Rio de Janeiro, Civilização Brasileira, 1994.
CALANDRA, Denis. "The Aesthetics of Reception and Theatre". In: HILTON, Julian (org.). *New Directions in Theatre*. Londres, The Macmillan Press, 1994.
CASTLE, William. *Step Right Up!*. Nova Iorque, Pharos, 1992.
COHEN, Renato. *Work in Process: Linguagens da Criação, Encenação e Recepção da Cena Contemporânea*. São Paulo, Perspectiva, 1999.
DELEUZE, Gilles. *A Imagem – Tempo*. São Paulo, Brasiliense, 1990.
ECO, Umberto. *Obra Aberta*. São Paulo, Perspectiva, 1991.
FIEDLER-FERRARA, Nelson. "O Texto Literário como Sistema Complexo". In: CASTRO, Gustavo (org.). *Ensaios de Complexidade*. Porto Alegre, Sulinas, 1998.
FRAGA, Luciano. *Configurações de Palco e Platéia no Teatro*. São Paulo, Dissertação (Mestrado em Artes) – Escola de Comunicação e Artes, Universidade de São Paulo, 1997.
GALIZIA, Luiz. *Os Processos Criativos de Robert Wilson*. São Paulo, Perspectiva, 1986.

GLEICK, James. *Chãos. Making a New Science*. Londres, Heinemann, 1988.
GUITA, Pessis-Pasternak (org.). *Do Caos à Inteligência Artificial*. São Paulo, Unesp, 1993.
HAYLES, Katherine (org.). *Chaos and Order*. Chicago, The University of Chicago Press, 1991.
JONES, Roger. *Physics as Metaphor*. Minneapolis, Univ. of Minneapolis Press, 1982.
LEWIN, Roger. *Complexidade*. Rio de Janeiro, Rocco, 1994.
LUBBOCK, Percy. *A Técnica da Ficção*. São Paulo, Cultrix, 1976.
MÁRQUES, Gabriel Garcia. *Como Contar um Conto*. Niterói, Casa Jorge Editorial, 1995.
MONEGAL, Emir Rodriguez. *Borges – Uma Biografia Literária*. Cidade do México, Fondo de Cultura Económica, 1987.
MORIN, Edgar. *O Método I*. Lisboa, Publicações Europa-América, 1997.
NICOLIS, Grégoire & PRIGOGINE, Ilya. *Exploring Complexity*. Nova Iorque, Freeman and Co., 1989.
PALLOTINI, Renata. *Dramaturgia de Televisão*. São Paulo, Moderna, 1998.
PHILIPPON, Alain. "Vertiges du Double". In: *Cahiers du Cinema*. Paris, vol. 474, Dezembro/1993.
PRIGOGINE, Ilya & STENGERS, Isabelle. *Order out of Chaos*, Heinemann, Londres, 1984.
RABETTI, Beti. "'Dramaturg': Mais uma função?". In: *Revista Máscara*. Ribeirao Preto, vol. 1, n.1, Janeiro, 1992.
ROOSE-EVANS, James. *Experimental Theatre*. Londres, Routledge, 1989.
RUELLE, David. *Acaso e Caos*. São Paulo, Unesp, 1993.
THOM, René. *Parábolas e Catástrofes*. Lisboa, Dom Quixote, 1985.
WEISSERT, Thomas. "Representation and Bifurcation: Borges's Garden of Chaos Dynamics". In: HAYLES, Katherine (org.). *Chaos And Order*. Chicago, Univ. of Chicago Press, 1991.
WILLEMART, Philippe. *Universo da Criação Literária*. São Paulo, Edusp, 1993.

Parte II: Textos Dramáticos

Cenas de *Narrador*. Fotos de A. Cabezas.

1. Narraador

Sala vazia. Silêncio.

O telefone começa a tocar.
Ele toca, toca, até que a secretária eletrônica o atende.

SECRETÁRIA: Este que vos fala não é o João, mas a voz gravada do João. Deixe a sua voz para fazer companhia à minha, sempre tão solitária.

Soa o beep.

VOZ DE HOMEM (entusiasmada): Alô, João... Mêu, você não acredita. A pôrra do laboratório trocou os exames. João, deu Negativo! (solta um grito de alívio) Puta, eu renasci. Agora, também eu não quero pensar em mais nada, só comemorar! Queria estar com você, mas nunca te encontro... Eu vou sozinho mesmo. Já que eu tô vivo, eu quero morrer de tanto beber. João... nossa, como eu te adoro seu puto!

A mensagem termina e volta o silêncio original.
Após um tempo, ELE, *João, entra em casa. Parece extremamente cansado. Logo que entra, vai ouvir os recados da secretária.*

VOZ DE HOMEM: João, infelizmente não dá mais prá segurar. Já são seis meses de aluguel atrasado. Se você não me pagar até sexta, vou ter que entrar com ação de despejo. Eu acho péssimo que as coisas se encaminhem assim, você sabe que eu sou uma pessoa aberta ao diálogo, mas tudo tem um limite. Espero seu retorno. Tchau.
VOZ DE MULHER: recado para joão barreto. ele foi selecionado a uma entrevista para o emprego de assessor executivo. ligue para 3276-4322. hoje

ELE se anima. Nem tudo está perdido.
Ouve-se então a mesma voz masculina do início da peça.

VOZ DE HOMEM (arrasada): João... Isso não se fala pelo telefone, mas... Droga, por que você nunca tá em casa? Nunca!... João, deu positivo... Acabou tudo... Eu não sei o que fazer... Aparece, João... Me ajuda...

ELE desliga a secretária e anda zonzo pela sala.

ELE: Merda! Merda!

O telefone toca, e ELE corre para atendê-lo.

ELE: Alô, Pedro, eu... (recompondo-se) Sim, é o João que tá falando... Ficha?... Ah, tá... Não, lógico que me interessa, é que... Sei... Podemos marcar. Agora? Não pode ser amanhã, ou depois... (desanimado) Sei, o quanto antes. Então tá, eu vou agora, se é assim... Eu sei onde é que é... Se eu uso óculos? Não, nunca usei... Então até daqui a pouco. Tchau.

ELE desliga o telefone e fica parado, inerte, sem saber o que fazer. Vai, então, à secretária e grava uma nova mensagem.

ELE: Pedro, recebi tua mensagem. Por favor, venha para cá. A gente tem que conversar. Te espero, tá. Um beijo... e calma, muita calma.

ELE respira fundo, toma coragem e sai.
Escuro. Um pequeno ponto luminoso acende-se no palco.
Iluminada apenas pelo cigarro que fuma, LUZIA senta-se confortavelmente em uma poltrona. Suas tragadas se fazem notar.

LUZIA: pode entrar

ELA, a desempregada, entra hesitante na sala de LUZIA.

ELA (um pouco nervosa): Por favor, estou procurando Luiza.
LUZIA: luzia
ELA: É, é isso. Luzia.
LUZIA: pode falar
ELA: Ah, é você? Então, dona Luiza, eu vim...
LUZIA: pelo emprego
ELA: Exato. Marcamos uma entrevista para hoje às cinco. Trouxe meu currículo e algumas cartas de referência.
LUZIA: muito bem, bety, não quer se sentar
ELA: Ah, obrigada... (fica imóvel)
LUZIA: há uma cadeira à sua direita
ELA (tateando): Desculpe, é que está um pouco escuro; talvez, se eu... (acha a cadeira) ahh...
LUZIA: ao telefone você me disse que enxergava muito bem
ELA: E enxergo. Mas assim no escuro, ninguém vê nada. Posso acender a luz?
LUZIA: não vai ser necessário. qualquer novidade, bety, te ligo
ELA: Mas você nem olhou meu currículo. E as minhas cartas de refe...
LUZIA: eu vou ler tudo com o maior carinho. depois
ELA: Bom, então vou deixar tudo aqui na cadeira, tá. Qualquer dúvida, me ligue. Se quiser marcar uma nova entrevista, não tem problema, estou à sua disposição. Na verdade, eu preciso muito desse emprego.
LUZIA: compreendo
ELA: Quando é que imagina ter a resposta? Será que essa semana você já...
LUZIA: com certeza
ELA: Então, até mais, Luzia, quer dizer, Luiza. Foi um prazer.

ELA estende a mão para se despedir, mas LUZIA se vira e joga as cinzas no cinzeiro. ELA então se vira e sai.
LUZIA acende um outro cigarro.
ANA, segurando um guarda-chuva, entra na sala.

LUZIA: pois não, joão
ANA: Desculpe, mas nem me identifiquei. Meu nome é Ana. Ana Cândida. Mas pode ser só Ana.
LUZIA: não marquei entrevista com nenhuma Ana.
ANA: É verdade. Mas achei que não era necessário, afinal a pesquisa é curta, apenas algumas perguntas.
LUZIA: pesquisa
ANA (ajeitando seus papéis): Não vai lhe tomar nem um segundo, prometo. Eu sou rapidíssima, você cozinha?
LUZIA: sim

ANA: Qual a regularidade? Diariamente?
LUZIA: ocasionalmente
ANA: Às vezes. Utiliza molho de tomate?
LUZIA: não
ANA: Nunca utilizou?
LUZIA: uma vez ou outra
ANA: Então já consumiu. E qual utilizou?
LUZIA: tem diferença
ANA: Mas é esse exatamente o cerne da pesquisa. Você não se lembra qual tipo consumiu? Se foi extrato de tomate, purê de tomate, polpa de tomate, suco de tomate, tomate pelado ou molho pronto de tomate?
LUZIA: não é uma pergunta fácil
ANA: Não se recorda.

ANA se vira para sair.

LUZIA: e qual o seu preferido
ANA (volta-se): Não é apropriado a entrevistada entrevistar o entrevistador, mas posso abrir uma exceção. Pessoalmente, eu prefiro o tomate natural, adquirido na feira, porém, esse não consta na pesquisa. Não sei por quê.
LUZIA: gosta de ir à feira
ANA: Adoro. Não compro nada, nunca há verba, mas fico olhando as frutas, os feirantes, as donas-de-casa, os peixes... É, são as melhores.
LUZIA: melhores
ANA: As pesquisas de custo de vida. Remuneram bem.
LUZIA: você deve estar cansada, ana. sente-se um pouco
ANA (vai até a cadeira e senta-se): Muito obrigada. Estou realmente exausta... Pesquisa duríssima hoje. E debaixo desse sol.
LUZIA: quer beber algo, ana
ANA: Água. Estou seca. Lógico, se não for um abuso.
LUZIA: absolutamente. sirva-se, está sobre a mesa

ANA levanta-se e anda com desenvoltura pela sala escura. Deixa o guarda-chuva encostado e enche um copo de água. Toma tudo em um gole.

LUZIA: e a pesquisa
ANA: Terminou. Você não passou no filtro. Utilizou o molho e não se recorda qual. Impossível prosseguir.
LUZIA: é uma pena
ANA: Mas é assim. Caso você lembrasse, teríamos ainda vinte e três perguntas. Mas você nem sentiria, como já disse, sou muito rápida.

ELE, João, entra correndo, porém tropeça na cadeira, fazendo um barulho tremendo.

LUZIA: você está bem
ELE (levantando-se): Não foi nada, não. Também, nesse escuro. Acabou a luz?
LUZIA: sinto dizer, joão, mas a vaga já foi preenchida
ELE: Como assim?
LUZIA: já encontrei a pessoa
ELE: Mas me ligaram agora mesmo para eu vir aqui!
LUZIA: chegou tarde
ELE: Claro, o trânsito a essa hora é um inferno!
LUZIA: melhor sorte da próxima vez
ELE (explode): Isso é um absurdo! Você me faz vir até aqui pra isso?
EU DEVIA TE MATAR!

ELE, sem controle, pega o guarda-chuva de ANA e vai em direção a LUZIA. Quando vai golpeá-la, toca o telefone, e imediatamente ELE pára, caindo em si.

LUZIA (ao telefone): alô. é ela. infelizmente a vaga já foi preenchida. Eu vou guardar a sua ficha, quem sabe uma próxima vez. até logo
ELE (para ANA): Foi você, né?
ANA (para ELE): Não se incomode comigo, eu já fiz o que tinha que fazer. Aliás, é tempo demais para uma só pesquisa. Mais que isso é inconveniente. (para LUZIA) Obrigada pela água. (vai saindo)
LUZIA: fique
ANA: Não posso. Eu tenho que manter a minha média. É a mais alta do instituto. Vale bônus.
LUZIA: esqueça o instituto
ANA: E o holerite?
LUZIA: miséria. você ganhará bem mais comigo. se quiser

Enquanto isso, ELE vai ao telefone e disca.

ELE: Pedro. Você ainda não tá em casa. Meu Deus, eu te amo tanto, não faz nenhuma loucura, por favor. Eu já tô indo pra casa. Um super beijo.

ELE desliga o telefone, olha fixamente para LUZIA, com ódio, e finalmente sai, sem dizer uma palavra.

ANA: E qual vai ser a minha atribuição?
LUZIA: olhar
ANA: Sim, e o que mais?

LUZIA: só
ANA: Mas isso é muito fácil. Não exige qualificação alguma.
LUZIA: depende, um olhar pobre e impreciso não me interessa. sou exigente
ANA: Não se preocupe. Fui talhada para o cargo.
LUZIA (aperta a mão de ANA): ótimo
ANA: E eu começo
LUZIA: agora. temos muito trabalho pela frente. vamos

As duas saem.
Entra ELE, o funcionário do supermercado. ELE coloca uma fita em seu walkman. De repente, o samba.
ELE, sambando, empilha os produtos na prateleira.
CASSIO chega junto a ELE e lhe pergunta algo, mas é impossível ouvir.
CASSIO, impaciente, cutuca ELE.
ELE olha CASSIO com displicência e tira o fone de ouvido.
Pára o samba.

CASSIO: Onde eu posso achar café?
ELE: Aí do outro lado.

ELA, a namorada ruiva, chega por trás de CASSIO e lhe dá um beijão. Os dois somem por detrás da prateleira. ELE volta a empilhar.
Entra LUZIA, e logo atrás ANA.

ANA: Aqui ele não se encontra.
LUZIA: está
ANA: Ele trabalha aqui no estabelecimento?
LUZIA: não
ANA (olhando melhor ELE): Aquela foto que você me mostrou. Data de quando?
LUZIA: recente
ANA: É... ele não alteraria tanto.
LUZIA: ele está aqui

ANA finalmente vislumbra os vultos por entre os produtos da prateleira.

ANA: É ele. Nos matinais.
LUZIA: ele está com
ANA: Uma mulher.
LUZIA: cabelos
ANA: Ruivos. Mas pode ser tintura.
LUZIA: jeans

ANA: E camiseta preta.
LUZIA: nem gorda nem magra
ANA: Parece. Mas só vejo ela de costas. Pode enganar.
LUZIA: eles compraram
ANA: Queijo... laranjada... pão, detergente, bombril... extrato de tomate... Engraçado, ele não se enquadra no perfil. Já ela... Tem também um vasilhame.
LUZIA: cerveja
ANA: Preta.

Os vultos se agarram.

ANA: Houve um movimento. Ela está abrindo o cinto dele. Parece que não está fácil. Ela se irrita um pouco. Ah, conseguiu. Mas acho que se machucou. Ela agora arriou as calças dele. Até que saíram fácil, em comparação com o cinto. Ela ajoelha, ele olha o teto... Se conectam... Ele agora agarrou a cabeça dela. Ela continua ajoelhada, grudada a ele. O movimento é mútuo, incessante. Parecem uma máquina.

Os gemidos crescem.

LUZIA: ele vai gozar. (pausa) agora

CASSIO *goza.*

ANA: Ela se afasta e passa a mão sobre a boca. Ele põe a calça. Dessa vez, o cinto fechou fácil.

LUZIA sai. ANA permanece parada, hipnotizada pelo que olha.
ANA nota que está sozinha e sai atrás de LUZIA, no mesmo instante em que CASSIO e ELA saem detrás da prateleira.

ELA: Cassio, me liga.

ELA beija Cassio, que afasta o rosto e sai.
ELA fica e olha os produtos com a naturalidade de uma compradora.
ELE, o empilhador, se aproxima insinuante. ELA aceita o jogo de sedução e sem que ELE perceba, rouba vários chocolates e sai, sorrindo para ELE.
Já na rua, ELA tira de sua bolsa um dos chocolates roubados e começa a comê-lo com prazer. ANA se aproxima d'ELA.

ANA: Você responde a uma pesquisa? É rapidinho.
ELA: Se for mesmo rapidinho, tudo bem. Eu prefiro.
ANA: Você é consumidora habitual de chocolate branco?

ELA: Sempre fui.
ANA: Prefere o branco ao preto?
ELA: Às vezes.
ANA: Qual a principal razão da preferência? Sabor, aparência, preço?

ELA observa a alvura do chocolate com redobrada atenção e o morde com ternura.

ELA: Me lembra a infância.
ANA: Outros... Pronto. Você viu como foi rápido. Agora, eu vou perguntar seu nome, alguns dados pessoais, para o caso de checagem. Se você não quiser se identificar, é seu direito.
ELA: Tudo bem. Pode perguntar.
ANA: Nome?
ELA: Joana Moreira.
ANA: Profissão?
ELA: Bancária.
ANA: Idade?
ELA: ... Trinta e seis.
ANA: Estado civil?
ELA: Solteira.
ANA: Telefone para contato?
ELA: 9953-2072.
ANA: Comercial?
ELA: Não; pessoal.
ANA: Muito obrigada e tenha uma boa noite.

ANA se afasta d'ELA e vai em direção a LUZIA.

ANA: Tenho aqui a sua ficha.
LUZIA: então
ANA: Joana Moreira, trinta e seis, bancária, é solteira.
LUZIA: perguntou algo mais íntimo
ANA: Não. Não se deve. Mas tenho o seu telefone.
LUZIA: ótimo. agora venha. sei onde cassio vai estar mais tarde
ANA: É perto?
LUZIA: esse ônibus é o
ANA: três dois cinco
LUZIA: deixa na porta

As duas pegam o ônibus, e se sentam.
No outro canto do palco, aparecem CASSIO e ELE, o analista.

ANA: Ela me parece extrovertida. Não são todos que aceitam se identificar.

CASSIO: Quem sabe? Pode ser que seja o maior erro da minha vida. Mas é isso, nem que eu tenha que quebrar a cara.
ANA: Mesmo a idade. Tem pessoas que se recusam a divulgar.
LUZIA: cassio procura alguém transparente. sem segredos
CASSIO: Quando ela me olha, eu viro uma simples bactéria, e então ela compreende tudo, até mesmo aquilo que eu nunca vou compreender. É uma sensação horrível, eu não quero mais isso!
ELE: E você já falou isso que você sente para ela?
CASSIO: E precisa? Não falo mais com Luzia. Ela não precisa mais das minhas palavras. Ela simplesmente sabe.
LUZIA: cassio. não há desvios nem interrupções. é sempre uma linha reta e contínua. uma equação simples

ELA, uma passageira, sobe no ônibus e fica de pé, lendo um livro, próxima às duas.

CASSIO: E o pior, não é recíproco. Por mais que eu olhe para ela e tente entendê-la, não tenho a mínima idéia do que se passa em sua mente. Ela me surpreende a cada instante, enquanto eu... Eu só confirmo o que ela já sabe.
ANA: Mas se você já sabe todos os dados, então por que o espia?
LUZIA: essa limpidez é fascinante. sou apaixonada
ANA: E ele?
CASSIO: Luzia é única... Eu fico louco quando faço amor com ela. Não sei se é sonho, delírio, realidade, tudo se confunde. Eu fui ficando viciado, e não consigo mais me curar. O corpo pede mais, sempre mais...
LUZIA: me adora. eu sei
ANA: A situação é um tanto contraditória. Se você é apaixonada, e ele te adora, por que então se esconder?
LUZIA: é assim
CASSIO: Ela não tem culpa de me decifrar assim. É muito natural para ela, assim como dormir, respirar. Eu não sinto ódio. Ao contrário, cada vez eu a quero mais, e talvez só ela saiba o quanto a amo, o quanto a desejo, mas...
LUZIA: foi na sessão de análise de cassio
CASSIO: Eu quero poder mentir, dissimular, surpreender, como qualquer outro. Ser um puta sacana, e só eu saber disso, ninguém mais...

O ônibus breca fundo, as três se projetam para frente. ELA quase vai ao chão, consegue se segurar, mas derruba o livro.

LUZIA: ajuda ela

ANA (pega o livro e o devolve para ELA): Mas você ia junto?
ELA (para ANA): Obrigada.
LUZIA: às vezes
ANA: E isso é permitido?
ELE: Afinal, o que você pretende fazer?
CASSIO: É impossível continuar. Não agüento mais ser tão visível. Chega de luz! Eu quero a escuridão. Total!

A luz se apaga em CASSIO e ELE.

ANA: E o que aconteceu na sessão?
LUZIA: cassio foi embora e nunca mais
ANA: Te abandonou?
LUZIA: digamos que sim
ANA: Há quanto tempo foi o fato?
LUZIA: meses. ou mesmo anos, não sei. cassio era o meu relógio. sem ele, fica difícil. o tempo perde um pouco o sentido

Ao longe, ouve-se uma música dançante.

LUZIA (levanta-se): chegamos

ANA a segue.

ELA (chamando ANA): Moça, o seu guarda-chuva.

ANA agradece ELA, pega o guarda-chuva e sai do ônibus com LUZIA.

ANA: Eu não estou ainda cem por cento familiarizada com a jornada de trabalho. Quando é a pausa para o lanche?
LUZIA: depois
ANA: Nos treinamentos sempre fui orientada a nunca trabalhar de estômago vazio. O rendimento cai.
LUZIA: você vai comer. e muito bem. mais tarde

A música cresce em volume. Elas chegam a uma porta e ELE, o segurança, as revista. ELE passa a mão por todo o corpo de ANA, o que a deixa muito incomodada. Depois ELE vai para LUZIA, a qual se desvencilha naturalmente do toque d'ELE.
O som explode, assim como as luzes coloridas e piscantes. ELA, a clubber, *dança com movimentos amplos, soltos, como se a pista fosse só d'ELA.*

LUZIA (dando um dinheiro para ANA): um bloodymary
ANA (grita): Repete. O barulho.
LUZIA: b l o o d y m a r y

ANA anda pela disco, procurando o bar.
LUZIA passa um perfume em seu rosto e deixa o frasco sobre um balcão qualquer, para então se afastar.
ANA chega ao bar.

ANA: Um bloodymary.

ELE, o barman, olha ANA com uma expressão de quem não entendeu.

ANA: B l o o d y m a r y.
ELE: Com ou sem pimenta?
ANA (alarmada): Não sei. O que a maioria opta?
ELE: Sem.
ANA: Então com. É uma consumidora bem específica.

ELE acena a cabeça, afirmativamente.

ANA: O que você tem de alimentício?
ELE: O quê?
ANA (fazendo gestos): Comer, comida...
ELE: Azeitonas.
ANA: Só azeitonas?

Ele confirma com a cabeça.

ANA: Nada como uma bela porção de azeitonas verdes e carnudas.
ELE: Só tem das pretas. Pequenininhas.
ANA: Bom, se é assim, então eu gostaria de uma porção generosa de azeitonas pretas, bem pretas. Daquelas minúsculas.
CASSIO (para ELE): Chopp escuro!

ANA olha para o lado e se assusta com a proximidade de CASSIO. No susto, ANA deixa cair o guarda-chuva. Os dois se abaixam juntos para pegá-lo.

CASSIO (voz baixa): Você tá bem?
ANA: ...
CASSIO: Não sei, talvez você seja assim mesmo, mas de repente você ficou tão branca.
ANA: Cansaço. Primeiro dia de trabalho é sempre mais difícil. O ambiente é diferente, as pessoas, as atribuições. Mas
CASSIO: Você

ANA: Eu sou rápida. Amanhã estarei normal.
CASSIO: Você trabalha aqui?
ANA: Não, estou aqui só de visita. A sede é em outro lugar.
CASSIO: Nunca veio?
ANA: Não. Não conhecia o estabelecimento por dentro. Só a fachada. Já vim uma vez aqui de dia, mas ninguém atendeu.
CASSIO: Ele já foi melhor. Mas a música ainda é bem interessante. Você gosta de dançar?
ANA: Eu...

ELE traz o chopp de CASSIO.

CASSIO (para ELE): Eu tomo depois. (de repente, para ANA) Vamos dançar?
ANA: Eu não posso dançar de estômago vazio. Eu tenho que comer agora. Eu sei disso, eu conheço o meu ritmo de trab...
ELE (interrompe): Olha, acabou a azeitona.
ANA: ...
ELE: Me avisaram agora da cozinha. Não tem mais nada.

ANA fica atônita.

CASSIO: Calma. A gente abre mão de dançar, vai embora daqui, e então podemos jantar dignamente. Que tal?
ANA: Impossível.
CASSIO: Por que?
ANA: Não tenho verba para esse tipo de despesa.
CASSIO: Mas eu estou te convidando. Posso?
ANA: Não sei.
CASSIO: O que você não sabe?
ANA: As suas perguntas. Eu não sei. Você me confunde. Eu estou tentando lembrar de algo e não consigo.
CASSIO: Lembrar o quê?
ANA: ... O banheiro. É isso. Eu preciso ir ao banheiro. Posso?
CASSIO: Claro.

ANA sai correndo de perto de CASSIO.

CASSIO: Mas o convite para o jantar continua valendo.

ANA, sem fôlego, chega junto a LUZIA.

ANA: Ele está...
LUZIA: eu sei. e então
ANA: Então o quê?

LUZIA: meu bloodymary

ANA (dá um tapa em sua própria cabeça): ... Desculpa, é uma falha grave, eu sei, mas é que o barulho está afetando o meu desempenho. O lugar aqui é insalubre.

LUZIA: e cassio

ANA: Ele falou comigo. Não era permitido?

LUZIA: conversaram

ANA: Nada relevante.

LUZIA: ele te perguntou

ANA: Se eu estava me sentindo bem.

LUZIA: e você

ANA: Eu falei que estava cansada, afinal hoje foi um longo dia, é meu recorde. Já estou entrando na minha décima sétima hora de jornada.

LUZIA: e ele

ANA: Me convidou para jantar. Disse que as despesas não correriam por minha conta.

ELE, um freqüentador da disco, se aproxima de LUZIA.

ELE (fazendo um gesto): Será que você pode me arrumar um?

LUZIA oferece o maço de cigarros para ELE, que pega um.

ELE: Fogo?

LUZIA acende o isqueiro e ELE acende o cigarro.
ELE então faz um sinal, agradecendo, se afasta das duas e vai ao encontro d'ELA, a clubber.

LUZIA: falta algo

ANA: Como assim, falta algo?

LUZIA: antes do convite para o jantar ele não

ANA: Tem razão. Ele queria dançar comigo.

LUZIA: e você

ANA: Não aceitei, é evidente. Estou em horário de trabalho. Dançar é diversão.

LUZIA: o convite do jantar. aceitou

ANA: Eu não sei.

LUZIA: escuta isso. você volta lá e diz que aceita

ANA: Mas eu não quero! Perdi a fome. Prefiro emendar e ir embora mais cedo.

LUZIA: vem aqui

ANA, um pouco indecisa, chega mais perto de LUZIA.

LUZIA pega um batom, e o passa nos lábios de ANA, de uma maneira precisa.
ANA, sem reação, se deixa passar.
LUZIA, então, passa os dedos nos cabelos de ANA, e

LUZIA (surpresa): você usa óculos

ANA se afasta de LUZIA, cobrindo o rosto com as mãos.

LUZIA: não me disse nada
ANA: Você nunca perguntou.
LUZIA: volte aqui, eu não terminei

ANA se aproxima novamente de LUZIA, com muita cautela.
LUZIA mexe suavemente nos cabelos de ANA. Porém, num movimento rápido, ela tira os óculos de ANA.

LUZIA: cassio não gosta. prefere sem
ANA: Mas, e eu?
LUZIA: ficará linda
ANA: Mas eu fui contratada para olhar. É essa a minha função. E os óculos fazem parte do meu material de trabalho. Sem eles, a produtividade cai. E como...
LUZIA (guardando os óculos): pois você vai olhar sem óculos. aprenda

LUZIA volta à pista. ANA, com dificuldade, a segue.
Em outro ponto, CASSIO olha, instigado, o frasco de perfume de LUZIA, e o coloca no bolso do casaco.
Na pista, ELA, a clubber, dança com ELE, o freqüentador, de maneira bem sensual. Os dois estão quase que agarrados um ao outro.

LUZIA: cassio
ANA: Não consigo mapeá-lo.
LUZIA: está dançando
ANA (olhando ELE e ELA): Confere... É que sem óculos fica difícil.
LUZIA: que mais
ANA: Você quer mesmo ser informada?
LUZIA: aqui você não pergunta
ANA: Ele está associado a uma outra mulher. O joelho dele roça o dela e eles giram para lá e para cá. O método desta é diferente do da ruiva do supermercado. Ela não se abaixa. Prefere ficar de pé, de frente, beijando ele. O beijo é longo. Já dura algum tempo. Já as mãos têm um movimento ininterrupto. Parecem ligadas numa tomada.

ANA, *totalmente absorta em sua narração, não percebe que* CASSIO *se aproxima, ao mesmo tempo em que* LUZIA *se afasta.*

CASSIO: O batom. Ficou bem interessante.
ANA (surpresa): É mesmo? Achei que não alterava em nada.

CASSIO *olha intrigado para* ANA.

CASSIO: Você está diferente.
ANA: Impressão sua. Sou a mesma de sempre. Item por item.
CASSIO: Nada disso. Alguma coisa mudou. Tenho certeza. Mas deixa; eu descubro depois... Vamos jantar?
ANA: Jantar? Mas agora?
CASSIO: Você não está morrendo de fome?
ANA: Ah, essa era uma outra situação. Já houve mudanças.
CASSIO: Nada mudou. Eu não jantei, você não jantou, e os lugares não fecham tão cedo. Só falta agora decidir o prato. Carne, massa, salada. O que você desejar.
ANA: Eu não sei, eu.
CASSIO: Você precisa comer, isso é tão óbvio, é só olhar pra você. Até os seus olhos estão com fome. Aceita, vai,... Não é digno recusar um convite.

ANA *se sente acuada por* CASSIO. *Com dificuldade, ela procura* LUZIA *com o olhar, até que a encontra.* LUZIA *faz um sinal afirmativo muito sutil para* ANA.

NA (conformada): Bom, e o que estamos esperando?
CASSIO: Você.
ANA: Perfeito. Mas antes eu preciso ir ao banheiro.
CASSIO: De novo?
ANA: Aquela vez não conta. Foi só treinamento.
CASSIO: Te espero lá fora. Não demora...

CASSIO *sai.* LUZIA *volta para perto de* ANA.

ANA: E agora?
LUZIA: você vai matar a sua fome
ANA: Mas eu não tenho fome.
LUZIA: por enquanto
ANA: O que eu faço? Qual o itinerário?
LUZIA (tira um cartão do bolso): esse é o restaurante
ANA: Mas você não pode me largar sozinha em campo. Eu rendo melhor em dupla.
LUZIA: vou estar na cozinha. qualquer problema, me procure. fique calma

ANA (nervosíssima): Eu estou sob controle.
LUZIA: ótimo. respire fundo e prossiga. cassio detesta esperar

> ANA *toma coragem e sai, decidida.*
> *Luzes e música baixam até permanecer somente a voz d'*ELA, *a cozinheira, que canta enquanto trabalha concentrada no movimento das panelas e pedidos.*
> *Enquanto isso,* ANA *e* CASSIO *jantam no salão do restaurante.*
> *As duas cenas, no salão e na cozinha, acontecem simultaneamente*[1].
> LUZIA, *sempre fumando, entra na cozinha, e canta suavemente, acompanhando* ELA.

ELA (pára de cantar e tira o cigarro da boca de LUZIA): Se você quer passear aqui, até pode, mas se te pegam fumando, eu tô fudida.

> LUZIA *sorri e apaga o cigarro.*
> ELE, *o garçom, entra na cozinha.*

ELE: Um papardelli ao funghi, dois fetuccini à romanesca, e um à la nonna. O cara do quatro queijos reclamou que o molho tava frio.
ELA: Frio tá o rabo dele!
ELE: Só tô te falando o que ele me falou. E tem outra coisa. O cliente do pesto tá chiando. Falou que tá demorando demais.
ELA (explode): Ah, manda ele comer cimento! Porra, você falou que eu tô sozinha aqui, nessa merda?
ELE: Falei, mas não adiantou nada. Ele disse que tá pagando.
ELA: Ah, esquece esse cara! E se manda, vai, me deixa trabalhar.

> ELE *sai.*

LUZIA: devo estar importunando num dia assim, impróprio
ELA: Ao contrário. Eu detesto trabalhar sozinha. Preciso de gente à minha volta. Quanto mais barulho, melhor. Você até que é silenciosa demais.

> LUZIA *se movimenta pela cozinha, de uma maneira mais ruidosa.*
> ELE *entra novamente.*

ELE: Um fuzilli à carbonara. E o pesto?
ELA: Vai bem obrigada. Agora chispa!

---

1. Para não se perder a fluidez das cenas, primeiro é apresentada a cena da cozinha, e depois a do salão; no entanto, as duas cenas acontecem ao mesmo tempo.

ELE sai.

LUZIA: muita experiência. tocar isso tudo, sozinha
ELA: Porra, passei minha vida inteira nessa merda. Há um tempo atrás eu levaria isso aqui fácil, fácil, mas hoje em dia, sabe como é, fica tudo um pouco mais pesado.
LUZIA: mas o tempero com certeza apurou
ELA (rindo): Ah, isso sim. A gente perde o medo. Tenta coisas novas. Se ficar ruim, foda-se, não vai ser mesmo eu que vou comer. Agora, quando eu acerto, os clientes vêm até a cozinha me cumprimentar.

ANA entra atabalhoadamente na cozinha.
ELA sorri.

ANA (aliviada): Ai, que bom que você está na supervisão.
LUZIA: cedo demais para me procurar. ele
ANA: Pediu um vinho, e eu sou muito sensível a qualquer gênero alcoólico.
LUZIA: beba
ANA: E ele não tira os olhos de mim, eu não sei para onde olhar.
LUZIA: para cassio
ANA: E ele às vezes pega em minha mão, vai dizer algo, eu presto atenção, talvez seja um dado importante...
LUZIA: deixe ficar

ANA não sabe mais o que falar.
LUZIA se aproxima de ANA e percebe uma flor em seu colarinho.
LUZIA tira a flor da roupa de ANA e a cheira com vontade.

LUZIA: não pense muito, e sorria. esta é a melhor das noites. entende

LUZIA empurra ANA de volta ao salão.

ELA (para si, provando um molho): Que horrível!

LUZIA permanece cheirando a flor, com um imenso prazer.

LUZIA (para ELA): algo errado
ELA: Eu não acertei a mão neste maldito carbonara.
LUZIA: posso
ELA: Claro, me dá sua mão.

ELA pinga uma gota do molho na mão de LUZIA, que prova compenetrada.

LUZIA sorri e passa um tempero para ELA.

ELA, desconfiada, coloca um pouco do tempero, e prova novamente. Uma expressão de prazer atravessa o seu rosto. ELA descontrai.

ELE (entra, a todo vapor): Um spaguetti ao vôngoli e uma salada completa.
ELA: Tá aqui a porra do pesto. Leva lá pro pentelho.
ELE: Já era. Ele se levantou e foi embora. Fez um puta escândalo. Saiu gritando que esse restaurante é uma joça, e que o serviço é uma bomba.
ELA: Joça é a bunda dele! Mas que filho da puta!
ELE: Você devia ver.
ELA: Deixa esse viado pra lá. Tomara que morra de fome. Agora, leva o parmeggiana, que já tá esfriando. Não quero que nenhum puto reclame de novo.

ELE pega o prato e sai.

ELA: Como é mesmo o seu nome?
LUZIA: luzia
ELA: Luzia, hoje é o seu dia de sorte. Você vai provar a minha especialidade. Penne ao pesto. Considere...
LUZIA: uma honra
ELA: Quero ouvir a opinião de uma profissional.
LUZIA: amadora. sempre
ELA: Faz o seguinte. Pra sentir melhor o gosto, não cheira e nem olha antes da primeira garfada. Se concentra no paladar.

LUZIA experimenta o penne, e sorri, deliciada. Aos poucos, porém, seu rosto se contrai, e LUZIA começa a espirrar vertiginosamente.

ELA: Meu Deus, o que aconteceu?
LUZIA (quase sem ar): os ingredientes
ELA: É um pesto, não vai nada demais. Azeite, manjericão, parmesão, gengibre, pinholi.
LUZIA (espirrando sem parar): gengibre
ELA: Mas vai um tiquinho de nada. Só pra dar um cheiro.
LUZIA: eu sou alérgica
ELA: Puta, que azar! Se eu soubesse.

ANA volta à cozinha, um pouco embriagada.

ANA: Oi.
LUZIA (sem paciência): fala logo
ANA (rindo): Ih, seu nariz; parece uma polpa de tomate.

LUZIA (sempre espirrando): e
ANA: E o quê?
LUZIA: você vai na casa dele
ANA: Ele me convidou.
LUZIA: perfeito
ANA: Nada disso. Eu não dou mais um passo, se você não me disser qual é o objetivo. Eu tenho que saber o que estou pesquisando.

LUZIA espirra.
ELE entra nervoso, carregando um prato.

ELE: Eu não te falei? O freguês disse que isso aqui tá intragável. Que não dá pra comer. Tá todo mundo reclamando. E quer saber de uma coisa? Eu não agüento mais. Tô fora! Te vira sozinha.

ELE tira o avental de garçom e o joga em cima dela.
ELA fica revoltada e joga o avental de volta em cima dele, com violência.
ELE olha feio e sai.

LUZIA (chorando de tanto espirrar, fala com extrema dificuldade): presta atenção. ele vai te desejar e você
ANA (interrompe): Eu não sei. Me parece perigoso.
LUZIA: perigoso
ANA: Eu nunca...
LUZIA: você é uma profissional. não pode ter medo do trabalho
ANA: Tem razão. Me davam qualquer tipo de pesquisa. Política, mercadológica, comportamental, curta, extensa. Esta não pode ser pior.
LUZIA: é talvez a melhor

LUZIA beija ANA docemente.

LUZIA: estarei pensando em você

ANA olha LUZIA uma última vez e lentamente sai, solitária.
LUZIA permanece espirrando.

ELA (inconformada): E agora?

luzes caem[2].

* * *

---

2. A cena seguinte é no apartamento de Cassio.

CENA NO SALÃO *(Simultânea à da cozinha)*

CASSIO e ANA estão sentados à mesa do restaurante. Um pequeno vaso com uma flor decora a mesa.

CASSIO: O que você vai querer?
ANA (olhando o cardápio): Calma, não é assim que se faz.
CASSIO: O quê?
ANA (sem tirar os olhos do cardápio): É múltipla escolha. Você não pode apressar a resposta. O entrevistado fica nervoso e responde errado.
CASSIO: A última coisa que eu quero é ver você nervosa.
ANA: Eu não sei. É difícil escolher apenas um. Se fosse dois ou três, eu teria mais opções, mas um... Não posso errar.
CASSIO (tirando suavemente o cardápio das mãos de ANA): Diz pra mim o que você está com vontade de comer.
ANA: Posso pedir qualquer coisa?
CASSIO: O que você quiser. Qual é o seu desejo?
ANA: Azeitonas!
CASSIO: E o que mais?
ANA: Mais nada. Por quê? Você acha que eles não vão ter azeitonas aqui também?

ELE, o garçom, se aproxima da mesa.

ELE: Já escolheram?
CASSIO: Um fuzilli à carbonara. E traz um couvert caprichado, tá, com bastante azeitonas.
ELE: Pra beber?
ANA: Água...
CASSIO (interrompe): Vinho. Pode ser um chianti.
ELE (saindo): Pois não.

CASSIO olha fixamente para ANA.
Sutilmente, ele pega a flor do vaso, beija-a de leve e a coloca no colarinho de ANA, para surpresa desta.
CASSIO, aos poucos, começa a acariciar as mãos de ANA, a qual não sabe o que fazer.

ANA: Onde será que é a cozinha? Eu preciso saber.
CASSIO: Por quê?
ANA (levantando-se): Nunca como nada sem antes conhecer a cozinha. É uma medida de segurança.

ANA vai em direção à cozinha. CASSIO permanece sentado, tranqüilo.

Após a cena na cozinha, ANA *volta à mesa.*
ELE *serve o vinho.*

CASSIO (segurando o copo): Um brinde ao imprevisível. Esta noite, tudo pode acontecer.

Os dois brindam e tomam o vinho. CASSIO *se delicia.* ANA *estranha o gosto forte.* CASSIO *percebe que a flor não está mais com* ANA, *toca muito levemente o colarinho dela e sorri, enigmático.*

CASSIO: O que você mais gosta de fazer?
ANA (cada vez mais à vontade): Essa é fácil. Tem duas coisas : Andar e perguntar. É só o que eu sei fazer. E você?
CASSIO: Eu também não sei fazer muitas coisas. Eu gosto quando as pessoas fazem por mim.
ANA: Eu não. Faço tudo sozinha. Não confio nos outros. Eles erram muito.
CASSIO: E você não erra?
ANA: Até hoje não aconteceu. Sou respeitada por isso.
CASSIO (enchendo o copo de ANA): Você não sabe como é bom errar.
ANA (bebendo o vinho): E nunca irei saber.
CASSIO: Gosta do vinho?
ANA: Já me acostumei. É uma bebida como outra qualquer. Só que aumenta o apetite. Sinto falta das azeitonas.
CASSIO: É, o serviço tá péssimo. Tá todo mundo reclamando. E se a gente fosse jantar lá em casa? Sou um ótimo cozinheiro.
ANA: Não quero te dar trabalho.
CASSIO: Tudo o quê você chama de trabalho, para mim é prazer. Vamos?
ANA: Eu não sei... Eu preciso
CASSIO: Ir ao banheiro. Vai que eu te espero... Garçom!

ANA *se levanta, e totalmente inebriada vai à cozinha.*

ELE: Pois não?
CASSIO: A conta[3].

* * *

---

3. Esse é o fim da cena no salão. A partir desse momento, a peça deixa de ter duas cenas simultâneas, e passa a ter apenas a cena na cozinha, a partir de *ANA volta à cozinha, um pouco embriagada*. A cena seguinte é no apartamento de Cassio.

Ouve-se um ruído de chiado, vindo de um disco de vinil. Entra um jazz.
CASSIO tira o casaco de ANA, e a deixa sozinha na sala.
ANA pega uma câmera fotográfica, e começa a manuseá-la com curiosidade.
A câmera, porém, faz um ruído esquisito, que deixa ANA alarmada. Ela tenta parar o ruído, apertando vários botões, mas acaba por desmontar a câmera.

CASSIO (voltando): Mais um pouco e eu tiro do forno.
ANA (segurando a câmera numa mão e a lente noutra): Que desastre!
CASSIO (pega a câmera e a remonta): Tudo bem.

CASSIO pega uma garrafa de uísque e serve num copo para ANA.

CASSIO: Gelo?
ANA: Não, obrigada. Prejudica a garganta.

ANA bebe o uísque.
CASSIO não tira os olhos de ANA.
ANA não sabe o que fazer com eles.

ANA: Falar não é a sua preferência.
CASSIO: É que eu não tenho praticado.
ANA: Você precisa é de um bom treinamento.
CASSIO: O que você quer que eu fale?
ANA: Qualquer tema.
CASSIO: Que tal esse: Ana Cândida.
ANA: Então o tema sou eu! Pra mim é inédito.

CASSIO pega a câmera e começa a tirar fotos de ANA.

ANA (andando pela sala, mais solta): O meu recorde é vinte quarteirões em uma tarde de trabalho. E não era só meu, era de todo o instituto. Nenhuma outra fazia isso. Mas para mim era simples. Não tinha segredo. Quer dizer, eu tinha um pequeno segredo, sim. Mas esse é profissional, não se pode revelar.

CASSIO, ainda tirando fotos, se aproxima de ANA.
ANA, sem saber o que fazer, bebe todo o seu copo de uísque.

CASSIO: O que você vai beber agora?
ANA: Posso optar?
CASSIO: Claro.
ANA: Café.
CASSIO: Café?... É, eu vou ver se tem.

CASSIO sai da sala. ANA vai a estante e pega um livro.

CASSIO (voltando): Eu esqueci de comprar café. Não tem mais. Mas tem chá.

ANA (mostrando o livro): Este foi um caso atípico. Um grande sucesso entre a classe C e A. Já entre a classe B, um enorme fracasso, quase não vendeu. A razão... ninguém sabe.

CASSIO: Você gosta de ler?

ANA: Leio tudo.

CASSIO: Então por que você não lê algo interessante para mim?

ANA pega um livro qualquer na estante e o abre ao acaso.

ANA: Quinta-feira. Comprei à prestação uma caneta tinteiro. Não funciona muito bem, mas serve. Sábado. Vi um sujeito morrer na rua.

ANA estranha o que lê e passa o livro a CASSIO, que o abre numa página qualquer.

CASSIO: De longe olharam-se distraídos, tomaram seus cafés, fumaram seus cigarros, e debruçaram-se um pouco pelas varandas ao som de é-doce-morrer-no-mar ou minha-jangada-vai-sair-pro-mar. Depois, delicadamente foram dormir. Sozinhos.

ANA gosta do jogo e pega o livro de volta, abrindo em outra página.

ANA: E se juntaram todas as invejas, todas as frustrações, todos os interesses contrariados. Uns disfarçavam menos, outros mais, o ressentimento. O espantoso é que, pela primeira vez, cometia-se esta gafe hedionda.

O telefone toca. O ruído é estridente. ANA se assusta e deixa o livro cair.
CASSIO permanece impassível.

ANA: Você não vai responder a ligação?

CASSIO: Não.

ANA: Pode ser relevante.

CASSIO: Nunca é.

ANA: Não gosto que deixem nada sem resposta.

ANA vai atender o telefone, mas ele pára de tocar.
Sem que ANA perceba, CASSIO se aproxima dela. Muito suavemente, ele começa a massagear as costas de ANA.
Ouve-se a mensagem de CASSIO na secretária.

Voz de cassio (sotaque italiano, sedutor): Ciao, qui e Cassio. Me lascia un messaggio, che io te lascio un baccio. (ruído de beijo)

ELE, *como João, surge num ponto do palco.*

ELE: Cassio. Cara, desculpa te ligar, eu sei que eu não devia, mas é que eu tô super preocupado com o Pedro, e eu não sei mais pra quem apelar. Por acaso, ele não te ligou? Olha, quando você chegar, qualquer hora, nem que seja cinco da manhã, me liga, tá. É sério. Esquece a nossa briga. Eu não te ligaria se não fosse algo importante. Um beijo. Tchau. (sai de cena)

ANA, inebriada pelo álcool e pela massagem, geme a cada movimento de CASSIO, o qual lentamente passa a beijar o seu pescoço. ANA, totalmente entregue, derruba o copo de uísque vazio, e começa a se esparramar, sem força nas pernas. CASSIO a segura, pega um lenço e o amarra sobre os olhos de ANA, como se fosse uma venda. Ele então a beija na boca. O beijo é longo, quente, e CASSIO começa a beijá-la toda. Sua testa, seu nariz, seus braços, sua nuca. Abre sua blusa, e começa a beijar os seus seios. ANA geme, sem força própria, nada mais a sustenta, e, aos poucos, os dois vão baixando ao nível do chão, onde, deitados, CASSIO começa a desnudá-la. CASSIO pega o frasco de Luzia, de seu bolso, e borrifa o perfume sobre o pescoço de ANA. Ele a beija com extremo prazer, e cada beijo seu provoca um êxtase na quase desfalecida ANA. CASSIO então se coloca sobre ANA e com toda a sua força, ele a penetra. A antes submersa ANA acorda, num grito. Os gemidos de CASSIO crescem proporcionalmente aos gritos de ANA, numa mistura de dor e prazer. ANA, extasiada, mexe os seus braços incessantemente, assim como todo o seu corpo. Ela agarra o copo que estava jogado ao chão, aperta-o com força, e no ápice do sexo, ANA, sem controle, estoura o copo na cabeça de CASSIO. No momento em que o vidro se quebra, há um súbito escurecimento. Pára a música, gemidos, tudo.

A luz volta, e vemos o corpo inerte de CASSIO, cabeça ensangüentada, assim como a mão de ANA. Assustada, ANA joga CASSIO para longe de si, e o corpo sem vida rola pelo chão, indo parar no meio do palco. ANA tira a venda dos olhos, olha o corpo de CASSIO, mas não tem coragem de se aproximar. Sente então um pudor inexplicável pela própria nudez, e rapidamente se veste.

O silêncio na sala é terrível.

ANA, perdida, pega o livro do chão. Abre e lê.

ANA: Eram livros estranhos. Falavam em mercúrio, sal, dragões e reis, mas ele não conseguia entender nada. Entretanto, havia uma idéia que parecia repetida em quase todos os livros: todas as coisas eram manifestações de uma coisa só.

ANA *larga o livro, olha* CASSIO, *sente-se mal, e sai, totalmente em transe.*
Fora do apartamento, ANA *chama o elevador, que demora a chegar.*
Finalmente, ANA *entra no elevador, com* ELE, *o morador, dentro.*
ELE *veste uma malha, o tempo esfriou um pouco.*
ELE *olha para* ANA, *que não vê* ELE.
O elevador finalmente chega ao térreo.
ANA *sai rapidamente.*
ELE, *sempre atrás, vai na mesma direção.*
ANA *anda rápido, para se esquentar um pouco.*
Logo, ANA *chega ao metrô.*
ELE *também entra na estação.*
ANA *não tem bilhete. E nem dinheiro.*
ELE *chega logo atrás, percebe a situação, e oferece um bilhete para* ANA.
ANA *pega o bilhete e agradece, quase sem olhar para* ELE.
ELE *não diz nada, mas continua olhando para* ANA.
ANA *se afasta e espera o metrô.*
ELE *vai em outra direção e fica de frente para* ANA.
ELE *olha para* ANA, *que não vê* ELE.
Chega o metrô, ELE *pega e sai.*
ANA *permanece esperando o metrô que não chega.*
ANA *enfim entra no vagão e senta num banco vazio.*
O metrô parte.
LUZIA *entra e senta-se também.*
Acende um cigarro, e o fuma, impassível.
ANA *se aproxima de* LUZIA.

LUZIA: ana
ANA: É...
LUZIA:
ANA (fungando o nariz): O seu rosto está todo inchado. Deve ser alergia. A mais comum é a de poeira, mas pode ser de qualquer coisa, detergente, tecido sintético, frutos do mar... Qual é o seu tipo?
LUZIA: você está resfriada
ANA: É, esfriou de repente. Não esperava uma jornada tão longa.
LUZIA: precisa se aquecer. talvez uma bebida
ANA: Já preenchi minha cota. Eu não preciso mais.
LUZIA: algo errado
ANA: Não.
LUZIA (tranqüila): sente-se aqui

LUZIA pega na mão de ANA para puxá-la à cadeira, mas sente os cortes na mão.

LUZIA: você
ANA (desvencilhando-se de LUZIA): Não foi nada. Um pequeno acidente de trabalho.
LUZIA: melhor ver isso
ANA: Não precisa. Foi só um copo que quebrou.
LUZIA: sente-se aí

ANA, contrariada, senta-se.
LUZIA acaricia a mão de ANA.

LUZIA: e então. conte
ANA: Você não quer primeiro ver a minha mão, e daí eu conto? Não é bom queimar etapas.
LUZIA: meu ouvido não interfere em minhas mãos. conte

LUZIA pressiona levemente a mão de ANA, que sente, e muito, o toque.

ANA: Em meu último relatório eu estava a caminho do domicílio de Cassio. Confere?
LUZIA: de acordo
ANA: Lá, nós conversamos. Todo o tempo. Sobre os mais variados temas.
LUZIA: quais
ANA: Foram tantos... Por exemplo, filmes. Esse foi um deles.
LUZIA (aperta a mão de ANA): cassio detesta cinema
ANA (dor): ... Livros. Esse era o tema central.
LUZIA: tem cortes bem profundos
ANA: Copos de requeijão. Quebram fácil. Mas, mesmo assim, os consumidores gostam. E não jogam fora.
LUZIA: e o que mais
ANA (sofrendo): Conversamos, lemos livros, tomamos uísque, ele não tinha café, e eu fui embora.
LUZIA: e foi só
ANA: Foi. Não aconteceu nada além do relatado.
LUZIA: saudades de suas pesquisas
ANA (gemendo): Um pouco.
LUZIA: então eu entrevisto (pressiona fortemente os cortes da mão) foi embora por que
ANA (muita dor): Estava exausta. Muita atividade para um dia só.
LUZIA: e cassio
ANA: Ficou lá. Sozinho.
LUZIA: e nada aconteceu

ANA: Deveria?

LUZIA aperta a mão de ANA com toda a sua força.
ANA se contrai toda, não suportando mais.

LUZIA (assustadora): fala
ANA (chorando): Tá, eu falo, eu reporto, mas por favor, me solta.
LUZIA (sem soltar): fala
ANA: Ele me beijou.
LUZIA: e
ANA (dominada pela dor): Eu estava bêbada, e ele foi me beijando, beijando, eu não tinha mais controle.
LUZIA: você gozou
ANA: Pára, por favor, eu não agüento mais...
LUZIA: me responde
ANA: Não sei o que aconteceu, eu fiquei tonta, não sei de mais nada, eu...

LUZIA enfim solta ANA, que chora, protegendo a sua mão.
Quase sem ANA perceber, LUZIA amarra um lenço na mão ferida, protegendo-a.

LUZIA: você mentiu por que
ANA (chorando): Ele é seu. Eu não podia fazer isso. Eu falhei mais uma vez. Sou péssima.
LUZIA: você não fez nada demais. só cumpriu. e foi perfeita
ANA: Por favor, me despeça. Eu vou aceitar. Será por justa causa.
LUZIA: você continua

LUZIA anda ao redor de ANA, que, aos poucos, pára de chorar.

LUZIA: ele tem seu telefone
ANA: Nem eu o dele.
LUZIA: combinaram algum encontro
ANA: Nada. Por que? Fiz mal?
LUZIA: melhor. um encontro casual
ANA: Entre Cassio e eu?
LUZIA: talvez hoje. isso pode impressionar cassio
ANA: Será? Tua estimativa me parece um tanto precipitada.
LUZIA: você pensa. vai ser fácil. ana vai ser a perdição de cassio. eu garanto

ANA ri, sem controle.

LUZIA: está bem. algo mudou
ANA: Impressão sua. Não há nenhuma alteração.
LUZIA: claro que há. você

ANA: Sou a mesma. Linha por linha.
LUZIA: algo te preocupa
ANA: Não é nada, é só que...
LUZIA: que
ANA (tomando coragem): Eu penso diferente de você.
LUZIA: ótimo. quero ouvir
ANA: A pesquisa mostrou muitas coisas.
LUZIA: por exemplo
ANA: Que você não conhece Cassio tão bem.
LUZIA: e essa opinião é baseada
ANA: Em coisas que ele disse. Cassio sabe de tudo.
LUZIA: sabe
ANA: Tudo. Que você o persegue. Que eu sou uma das suas, a serviço. Ele te vê sempre. Ou você pensa que consegue se esconder dele? A verdade é que Cassio te engana direitinho.
LUZIA (após um tempo): você não sabe mentir
ANA: Não acredita em mim? Pergunte a ele então.

LUZIA levanta-se e pega um casaco. ANA olha sem entender.

LUZIA: você não vem
ANA: Onde?
LUZIA: você mesma disse. perguntar a cassio
ANA (surpresa): Mas assim?... Ele não deve estar agora.
LUZIA: não importa. a gente entra
ANA: Mas isso é invasão! Não é permitido!
LUZIA: eu sei o que é permitido. você vai vir ou não

LUZIA sai, decidida.
ANA, acuada, não sabe o que fazer, e depois de muita hesitação, acaba saindo.
Já na rua, ANA e LUZIA entram em um táxi.
LUZIA tira do bolso um cartão e o dá para ELE, o motorista.

ELE: Desculpa dona, eu não sei ler.
LUZIA: dona veridiana. qual caminho vai fazer
ELE: Acho mais fácil ir pela Angélica. A essa hora não deve ter trânsito.
LUZIA: pega a consolação. é melhor
ELE: A senhora é que manda, dona.
LUZIA: você nunca lê as placas
ELE: Não precisa. Conheço essa cidade de cor.

O taxi pára num sinal. ELA, a menina de rua, aproxima-se do carro.

ELA (falando rápido um texto decorado): Bom dia hoje é o dia do amigo e o senhor não vai dar nada pro seu amigo custa só um real esse adesivo tão lindinho e o senhor ainda ajuda as crianças a ir na escola...

ELE fecha a janela do carro e deixa ELA para trás.

ELE: Essa criançada. Já tive muito colega assaltado. Eu, graças a Deus, nunca.
LUZIA: sorte
ELE: Sorte nada, dona. É prudência, mais que tudo. Eu olho pra eles e vejo que por trás dessa cara de anjinho, pode ter um bandido perigoso. Nunca se sabe, dona.

O carro parte.
Em cena, somente o corpo inerte de CASSIO.
Após alguns instantes, ANA e LUZIA entram.

LUZIA: cassio nunca tranca a porta

ANA, ao ver CASSIO, tem acessos de náusea.

LUZIA: algum problema
ANA: Nenhum. Acho que o jantar não foi bem processado.

LUZIA anda pela sala e ANA cuida para que ela não trombe no corpo. LUZIA pisa num livro. Ela pega o livro do chão e o coloca de volta na prateleira.

LUZIA: foi diferente. não há dúvida

LUZIA liga a secretária eletrônica.

VOZ DE MULHER (impaciente): Cassio. É Joana. Mêu, você não ia me ligar? Eu tô esperando.
ANA: A bancária.
VOZ DE HOMEM: Cassio. Cara, desculpe te ligar, eu sei que eu não devia, mas é que eu tô super preocupado com o Pedro, e eu não sei mais pra quem apelar. Por acaso, ele não te ligou? Olha, quando você chegar, qualquer hora, nem que seja cinco da manhã, me liga, tá. É sério. Esquece a nossa briga. Eu não te ligaria se não fosse algo importante.Um beijo. Tchau.
LUZIA: conheço essa voz
ANA: Ele não está. Eu te disse.
LUZIA: eu sei
ANA: Então vamos?

LUZIA: esperar. não temos pressa

LUZIA senta-se numa poltrona, para alívio de ANA.
O silêncio aumenta a tensão entre elas.
ANA anda inquieta pela sala.

ANA: A minha cabeça.
LUZIA: que tem ela
ANA: Dói muito. Nunca doeu tanto. Uma vez o tema era dor. Cabeça foi a mais votada. Dente ficou em segundo, e cólicas em terceiro. Teve um que nunca sentiu qualquer tipo de dor na vida. Auxiliar de contabilidade. Segundo grau incompleto. Se ao menos eu tivesse uma aspirina, tylenol, neosaldina, cibalena, qualquer um.
LUZIA: sobre a mesa

ANA vasculha a mesa, vê uma caixa de remédio, abre e lê a bula.

LUZIA: achou
ANA: Estou lendo.
LUZIA: lendo
ANA: ... Uma mensagem de Cassio.
LUZIA (desconfiada): deixa eu

ANA passa o papel para LUZIA, que o manuseia nervosamente.

LUZIA: esse papel. não é de recado
ANA: É uma bula. Deve ter sido o único papel que ele encontrou à mão.
LUZIA (ainda manuseando o papel): digamos que sim. o recado diz
ANA: Você o requisitou. Pensei que queria ler sozinha.

LUZIA, desconfiada, dá de volta o papel para ANA.

ANA: É para a namorada. A do super.
LUZIA: leia
ANA ("lendo"): Joana, é impossível continuar. Ela sabe de tudo. Onde estou e onde estarei, o que faço e o que fiz.
LUZIA: só
ANA (virando a página): Tem mais do outro lado. (olha fixamente para CASSIO) Por isso eu desapareci. Pelo tempo que for. Quem sabe, então, eu possa viver de novo. dignamente. Um baccio. Cassio.
LUZIA: não sei
ANA: É o que está escrito.
LUZIA: não confio em você

ANA: Pois tem que confiar. É a única alternativa correta.
LUZIA: esse papel, esse bilhete. ele não teria
ANA: Mas fez. Ele se foi.
LUZIA: duvido que
ANA: Esquece. Acabou. Você perdeu.

O telefone toca. Tudo pára. Ansiedade de ambas.

VOZ DE CASSIO: Ciao, qui e Cassio. Me lascia un messaggio, che io te lascio un baccio. (ruído de beijo)

ELE, João, surge num ponto do palco.

ELE: Cassio, eu não sei se você já chegou, se já ouviu minha mensagem, mas, cara, tá foda! Já liguei pra cidade inteira, e ninguém sabe do Pedro. Tô desesperado! Eu não sei mais o que...

LUZIA, num movimento rápido, atende o telefone.

LUZIA: pedro está aqui. dormindo
ELE: Quem tá falando?
LUZIA: uma amiga de cassio
ELE: E o Pedro? Ele tá bem?
LUZIA: venha ver você mesmo

ANA, aflita, tenta fazer algo.

LUZIA: mais um movimento e você morre
ELE: Alô, aconteceu alguma coisa?
LUZIA: nada. é só a tv
ELE: Bom, eu vou voando pra aí. Qual é mesmo o seu nome?
LUZIA: ana
ELE: Ana, você é um anjo. Tchau.

LUZIA desliga o telefone e volta a sentar-se, tranqüila. Acende um cigarro.
ANA, ao contrário, está visivelmente perturbada.

LUZIA: essa voz. não consigo lembrar
ANA: Isso que você fez. Não tem ética. Você não é nada profissional.
LUZIA: não sou e nem quero
ANA: Pra você ninguém vale nada.
LUZIA: cassio vale
ANA (explode): Cassio, Cassio! Chega! Muda o tema! Ele é passado. Não interfere mais.
LUZIA: você está nervosa

ANA: Minha cabeça vai explodir!
LUZIA: essa tua tensão. estranho
ANA: Você deixa todos assim. Quero só ver quando o rapaz chegar e descobrir que Cass, que Pedro não está aqui, que foram dados forjados. Ele vai. nossa, não quero nem olhar.
LUZIA: não olhe
ANA: Se é assim, não me resta mais nada a fazer nesta companhia, já que meus serviços são dispensados. Concorda?
LUZIA:
ANA: Não se preocupe, eu abro mão de meus direitos. Mais vale um mal acordo do que uma boa briga.

ANA vai em direção à porta. Antes de sair, olha o morto CASSIO e a impassível LUZIA.

ANA: Não saio ressentida. Já tive patrões bem piores. Na verdade, a falha foi minha, que não soube desempenhar bem a função. De qualquer modo, boa sorte.

ANA vira-se rapidamente, tenta abrir a porta, porém ela está trancada. ANA força a abertura, mas é inútil.

ANA: A chave.
LUZIA: aqui
ANA: Eu preciso dela pra abrir a porta.
LUZIA: não é problema meu
ANA: Eu estou presa. Trancada! Isso não está certo. Eu não tenho carteira assinada, não tenho direito a férias, décimo terceiro, nada. Não existe nenhum vínculo empregatício que me amarre a você. (ficando nervosa) Eu sou autônoma, entendeu, autônoma! Eu saio a hora que quiser. Não bato cartão! (decidida) Me dá a chave!
LUZIA: quando for a hora
ANA: Eu quero agora!
LUZIA: impaciente demais. espere
ANA: Não! Nem mais um segundo. Me dá essa chave agora, já!
LUZIA: senão
ANA (ódio): Eu vou te...

ANA, enlouquecida, dá um tapa no rosto de LUZIA. Porém, logo cai em si, e se afasta, com dor na mão machucada.
LUZIA permanece imóvel, olhar no chão, ainda assimilando o tapa.
Suspensão. Silêncio.
A campainha toca. As duas se olham.
LUZIA sorri e vai em direção à porta.

ANA: Você vai abrir?
LUZIA: para você
ANA: O que você quer com ele?
LUZIA: apenas um pequeno teste
ANA: Teste?

A campainha toca novamente.

LUZIA: sorria. você está livre

Antes que LUZIA chegue à porta, ANA a agarra, evitando que ela abra.

ELE (off): Pedro! Ana! O que tá acontecendo? Abre essa porta!

ANA, totalmente fora de controle, passa a bater em LUZIA, com toda a sua força. LUZIA, vencida, não tem reação e se deixa agredir.

ELE (off): Cassio! Você tá aí? Responde!

ANA (chorando, com raiva, enquanto bate): Você nunca entende nada, sua burra! Nunca! Pela última vez: Eu sou AUTÔNOMA, ouviu, Autônoma! Ninguém manda em mim! NINGUÉM!

LUZIA, no entanto, com o que lhe resta de forças, solta um grito horrendo, inimaginável, acompanhado de um empurrão violentíssimo contra ANA, a qual é projetada para longe, indo cair junto ao corpo de CASSIO.
LUZIA rapidamente se recompõe e abre a porta.
ELE, João, entra afoito.

ELE: Meu Deus, que grito foi esse?
LUZIA (natural): grito
ELE: A cidade inteira ouviu!
LUZIA: no fundo é uma pequena cidade
ELE: Deixa isso pra lá. Cadê o Pedro?
LUZIA: pedro
ELE (olhando melhor LUZIA): Você... de novo!
LUZIA: a sua voz. lógico. joão
ELE (irritado): O que você tá fazendo aqui?
LUZIA: joão, eu mudei de idéia. o emprego é seu
ELE: Emprego?
LUZIA: aceita joão. o salário é ótimo
ELE: Você é louca!
LUZIA: com o tempo você acostuma. (mostra o papel que ANA havia "lido") a sua primeira tarefa é ler esse bilhete

ELE (descontrolando-se): Cadê o Pedro? O que você fez com ele, sua desequilibrada!

ELE, então, tromba com os dois corpos no chão, de ANA e CASSIO. Tenta acordar CASSIO, mas percebe que está morto. ELE se desespera ainda mais com a situação.

ELE: Cassio! Meu Deus! (grita, aflito) Pedro! Pedro!
LUZIA: pedro não está. (intrigada) você disse cassio

ELE então se vira e lentamente parte para cima de LUZIA, com ódio mortal.
ELE a agarra pelo pescoço, sufocando-a.

ELE: Sua louca assassina! Eu vou acabar com você, sua FILHA DA PUTA!
LUZIA (quase sem voz): eu não

ELE, cego de ódio, estrangula LUZIA.
ANA recobra os sentidos, vê a cena terrível a sua frente, olha para o lado e vislumbra seu guarda-chuva, jogado ao chão. Ela agarra o guarda-chuva, corre para cima d'ELE, e, com toda a sua força, o golpeia.
No exato momento em que o guarda-chuva atinge a cabeça d'ELE, caem as luzes e entra o som de um tango.
Ao subir das luzes, CASSIO sai de sua total imobilidade e, lentamente, começa a dançar, ao som do tango, de uma maneira toda própria.
Entram em cena LUZIA, ANA e ELE, o motorista do táxi.

ELE: Não é a primeira vez que eu pego um freguês duas vezes, não, dona. Uma vez eu peguei uma freguesa lá no Paraíso, uma menina linda. Tava toda alegre, já que ia ver o namorado. Sabe, ela tinha pintado os cabelos de preto e ia fazer uma surpresa pra ele. E eu só pensava na felicidade do tal sujeito. Namorar uma menina tão bonita. Bom, o caso é que a menina me deu a maior sorte. Chovia pra burro naquele dia. Peguei um freguês atrás do outro. Deu pra fazer um bom dinheiro. Daí no fim do dia, mais que satisfeito, tava voltando pra casa e, no meio daquela chuva, uma mulher me chama. Eu não ia parar, mas fiquei com pena, parei. E quem é que entra no carro, molhada até a alma? A menina linda do Paraíso, com uma cara de enterro, nem parecia a mesma pessoa. Ela não falou nada, e nem eu perguntei nada. Daí ela me mostrou um bilhete, todo molhado, amassado. Eu li o tal do bilhete. Curto e grosso, só três palavras: Não quero mais. Eu realmente não entendi a do sujeito. Uma menina tão linda. Vai saber. Pelo espelho, eu olhei pra ela, e vi que o seu rosto tava todo manchado, cheio de tinta. A chuva, dona, tinha levado toda a cor do cabelo dela. Coitada...

Durante a fala do taxista, ELA, *a dançarina, entra em cena e acompanha* CASSIO *em sua dança.*

LUZIA: cassio dançava de um modo imprevisível. era o único momento em que era impossível decifrá-lo. eu ficava horas ouvindo a sua dança, os seus movimentos

De repente, entra um forte ruído de chiado e interferência, parando a música.
ELA *e* CASSIO *param de dançar.* ELA *sai de cena.*
CASSIO *se aproxima de* LUZIA *e a beija suavemente.*
CASSIO *então pega a flor (a mesma do restaurante) do colarinho de* LUZIA *e também sai de cena.*

ELE: É a torre, dona. Não adianta. Rádio não pega aqui na Paulista.

ELE *desliga o rádio. O ruído de chiado cessa.*

LUZIA (para ELE): como você leu o bilhete. você disse que não sabia

ELE *não responde.*
ANA, *tremendo de frio, espirra.*
LUZIA *tira o seu casaco, e cobre* ANA.

ANA: Minha cabeça. Não agüento mais de dor.
LUZIA: vai passar
ANA: Não vai. Nunca mais.
LUZIA (dá um comprimido para ANA): toma
ANA: O que é isso?
LUZIA: você esqueceu de tomar
ANA (olhando o comprimido): Bufferin. Não vai adiantar. Eu li a bula. É insuficiente.
ELE (fechando a janela): Ihh, lá vem aquela menina de novo...
LUZIA: menina
ELE: Aquela que queria vender um adesivo. A senhora não tá lembrada, dona? Eu disse que nunca tinha sido assaltado, daí a senhora falou que era sorte, e eu falei que não. Que era prudência.
LUZIA: pára o carro. aqui mesmo

LUZIA *desce do carro.*

LUZIA: menina. vem cá

ELA, *a menina de rua, se aproxima, um pouco assustada.*

LUZIA (doce): o seu nome
ELA: Mariana.

ANA, *vestindo o casaco de* LUZIA, *sai também do carro e se aproxima das duas.*

LUZIA: mariana me fala do teu adesivo
ELA (tímida, olhando o chão): Bom dia hoje é o dia do amigo e o senhor não vai dar nada pro seu amigo custa só um real esse adesivo tão lindinho e o senhor ainda ajuda as crianças a ir na escola estudar e sair da rua.
LUZIA: você vai à escola mariana

ELA, *sem tirar o olho do chão, balança a cabeça afirmativamente.*

LUZIA (dando uma nota para ELE): decidimos ficar
ELE: Espera que tem troco.
LUZIA: você dá para ela
ELE: Mas é muito mais que um, dona.
LUZIA: não importa

ELE, *sem discutir, dá algumas notas para* ELA, *que as pega satisfeita.*

ELE (saindo): Um bom dia pra senhora, dona. (para ANA) E pra a senhora também. Até quem sabe uma próxima.
LUZIA: você sabe ler mariana

ELA *balança de novo a cabeça.*

LUZIA (passando a mensagem de CASSIO): lê isso para mim mariana

ANA *tenta agir, mas não tem forças.*

ELA (pegando o papel e trazendo bem próximo aos olhos): As letras tão muito pequenas. Eu não consigo.
LUZIA: tenta mariana
ANA: Vamos embora daqui. Esse lugar é uma zona de perigo. E a essa hora então, aumenta, e muito, a probabilidade de assalto... estupro... assassinato.
LUZIA: lê mariana

ELE, *o passante embriagado, entra em cena.*

ANA: Aquele homem tá armado. Eu estou vendo o revólver daqui.
ELA (esquece o papel e olha para ELE): Eu tô com medo...

LUZIA: é mentira dela mariana. não acredita
ELA (aterrorizada): Não é, não. Ele quer me matar, eu sei. Da última vez, ele matou meu irmão e mais três. Agora é a minha vez.
ANA: Ele não tira os olhos da gente. Eu vou embora daqui.
ELA: Não adianta. Quando eles vêm, é pra matar todo mundo. A gente vai morrer aqui mesmo, que nem o João Pedro. É o irmão que eu mais gostava.
LUZIA: calma mariana, eu te protejo
ANA: Será que vocês não entendem? A situação é perigosa. Ele pode sacar a qualquer hora!
ELA (aflita): Eu vi o João Pedro como ficou. Tava gelado, com uma cor esquisita, e todo mundo olhando. Eu não quero morrer!
ANA (grita): Foge, Mariana! Ele tá atrás de você!

ELA, aterrorizada, foge correndo.

LUZIA: volta mariana
ANA: Ela se foi. com o bilhete de Cassio.

ELE se aproxima delas, com passos fortes.

ANA: Vamos embora daqui. Esse sujeito é um marginal. Classe E. Armado.
ELE (bêbado): Tem um dinheiro pra me emprestar?

ANA sai de perto dele, puxando LUZIA, a qual se deixa levar.

ELE: Por favor, eu não sou um mendigo. Não é o que vocês tão pensando. Eu só bebi um pouco, mais nada...
ANA (andando rápido e puxando LUZIA): Nos deixe em paz!
ELE (indo atrás delas): Eu preciso de um dinheiro pro ônibus. Só isso.
ANA: A gente não tem nada. Vai embora!
ELE: Droga!

ELE olha para elas e tira um objeto metálico do bolso. Parece uma arma.

ANA (desesperada, vendo a arma surgir do bolso): Cuidado Luzia!

ANA abraça LUZIA, protegendo-a.

ANA (baixinho, para si): Terminou... tudo.

ANA e LUZIA estão paralisadas, com terror, esperando o tiro.
ELE apenas bebe, de sua garrafinha metálica.

ANA *toma coragem e olha para* ELE, *inofensivo, entornando a bebida da garrafinha.*
ANA *respira fundo e faz um sinal para que* ELE *fique em silêncio.*
LUZIA *permanece apavorada.*

ANA: Ele se foi. Não quis nada.
LUZIA: tem certeza
ANA: Absoluta. Pode relaxar.

ANA *percebe a tensão de* LUZIA, *acuada e nervosa.*

ANA: Por que você não fuma um cigarro para acalmar?

LUZIA *pega ansiosa o maço de cigarros, que está vazio.*

ANA: Eu vou comprar.
LUZIA: eu vou junto
ANA: Não, você fica aqui. Descansa um pouco. Eu vou e volto e você nem vai sentir. Sou a mais rápida do instituto, lembra-se?

LUZIA *sorri, agradecida, e acaricia o rosto de* ANA.
ANA *fica sem jeito com o toque e a proximidade de* LUZIA.

LUZIA: você é sem dúvida diferente. única

LUZIA *beija os lábios de* ANA.
ANA *estremece ao beijo de* LUZIA.
ELE *olha, curioso.*

ANA (desvencilhando-se de LUZIA): Vou comprar os cigarros.
LUZIA: espera. (dá os óculos para ANA) seus óculos. você pode precisar

ANA, *surpresa, pega os óculos, porém não os coloca no rosto.*

LUZIA: não demora

ANA *se afasta de* LUZIA. ELE *vem ao seu encontro.*

ANA (sussurrando): O que você quer?
ELE: Nada. Só comemorar. Hoje é um dia de festa.
ANA: Teu aniversário?
ELE: Não, meu nascimento. Eu nasci de novo. E você é a primeira pessoa que eu encontro depois disso. Você é o meu anjo.

ANA: E se eu te relatar que só hoje já matei duas pessoas?
ELE: Esquece. Hoje começa tudo do zero.
ANA: Tarde demais. Eu estou cansada. Preciso de férias, urgente.
ELE: Tarde. (se lembra de algo) Nossa, que horas são? Eu preciso ligar pro João. (sorri, malicioso) Comemorar com ele!

ELE beija o rosto de ANA.

ELE: Não se esqueça. Você é o meu anjo.

ELE sai.
ANA olha LUZIA uma vez mais.

ANA: Adeus, Luzia. Aceite as minhas desculpas. e o meu pedido de demissão. É irrevogável.

ANA dá as costas para LUZIA e sai.
LUZIA fica sozinha e em silêncio, por um bom tempo.

LUZIA: ela demora demais. (chamando) vamos para casa ana. mudei de idéia. não quero mais fumar
LUZIA (grita): ana. volta logo

Silêncio.

LUZIA: por favor, me escuta
LUZIA (sussurra): ANA, eu preciso de você.

Cenas de *Do Gabinete de Joana*. Fotos de Ana Cabezas.

2. Do Gabinete de Joana

ELA *entra no palco.*
Hoje é o meu aniversário... 36 anos.
Quando fiz 26... Tive a idéia de me gravar.
Peguei uma câmera... E a ajustei para o espelho.
Não sei por quê.
Era mais fácil me gravar pelo espelho.
Então fiquei lá... Falando.
As coisas que tinha feito... Durante o dia.
Nada muito especial... Era mais um dia banal.
Fui trabalhar... Peguei um ônibus.
Todo dia o mesmo trajeto... Paulista e Rebouças.
Mas gostava de andar de ônibus... Ainda gosto.
Principalmente os lotados.
De qualquer modo era meu aniversário... E adoro ganhar presentes.
Na hora do almoço, fui a um sebo... E comprei um presente para mim.
Um disco... Secos e Molhados.
Tenho até hoje.
A partir daquele dia iria me gravar todo ano... Sempre no meu aniversário.
Iria falar o que tinha feito... O que tinha pensado.
As coisas que aconteceram... Naquele dia.
E cinco anos depois iria ver a fita... Com as cinco gravações.
O cenário iria ser o mesmo, o espelho o mesmo... Só meu rosto iria mudar.

E cada nova expressão... Um modo de olhar, alguma mancha, cicatriz.
Tudo iria se mostrar... Cada pequena mudança.
Então iria ver o tempo fluindo no meu rosto... Era esse o projeto.
Ver o tempo.
Fiz a gravação... E guardei a fita.
Afinal as regras eram bem claras.
Só poderia ver a fita depois de cinco anos... Não antes.
Fui dormir... Um pouco intranqüila.
Não tirava os olhos da gaveta... Que me guardava.
Com chave.
No meio da noite, não agüentei... Rompi o acordo.
Antecipei em 1825 dias o momento certo de assistir a fita... A fita do tempo.
Pus ela no vídeo... Apertei o play.
E algo totalmente inesperado aconteceu.
A fita... Não prestava.
Eram só chuviscos... Não gravou nada.
A minha imagem... Simplesmente não existia.
Fiquei transtornada.
Imagina se tivesse seguido as regras e visto aquela fita imprestável só depois de cinco anos... Com todas as gravações já feitas nela.
Acho que teria morrido.
Então pensei em novas regras... Agora a gravação seria sempre no dia seguinte ao aniversário.
Fazia lógica... O dia já teria terminado, e seria mais pertinente contar o que havia acontecido.
Mas sinceramente... Brochei.
Melhor esperar o próximo ano... Para começar realmente o projeto.
As coisas são assim... Todas têm o seu tempo certo para acontecer.
Como por exemplo... Ter filhos.
Ainda não tive a chance... Talvez nunca terei.
Não que seja contra... Acredito na perpetuação.
Acho inclusive que a vida é o único meio de se conhecer o certo... E o errado.
Mas... Um filho.
Carregá-lo para lá e para cá... Alimentá-lo.
Ensiná-lo.
Não... Não vou ser mãe.
Posso dizer sem medo... Sou estéril.
Não preciso me preocupar com a reprodução... Tenho outras coisas para pensar.
Como por exemplo... Meu aniversário.
Sinto que nesse dia, e somente nele, é possível parar o tempo... Ou então, quem sabe... Enganá-lo.

E para isso me preparei muito bem... Por um ano.
Afinal... Hoje é o dia.
Amanhã tudo volta ao normal... Mas hoje... Hoje algo vai acontecer.
É necessário... Imperativo.
Essencial.
ELA *sai.*
Entra o PRETENDENTE, *carregando um velho projetor de cinema. Ele observa com carinho o espaço ao seu redor e coloca o objeto sobre uma banqueta. Rapidamente, ele sai do gabinete e se coloca atrás da porta.*
JOANA *entra agitada em seu gabinete e nota o projetor. Olha intrigada para ele, e o toca de leve, sentindo os seus mecanismos e engrenagens. Como se não tivesse tempo a perder,* JOANA *deixa o projetor e vai se exercitar, golpeando uma pêra de boxe. Sente prazer em movimentar o corpo, os músculos, a coluna.* JOANA *sua, geme, vai até a exaustão. Finalmente pára, saciada.*
JOANA, *então, ajusta um microfone para gravar a sua voz. Se concentra, preparando-se para a sua performance.*
JOANA *liga o gravador.*
Primeiro de Fevereiro de 1998 *(ou a data em que for apresentada).* Capítulo 3. Ainda sem título.
Breve pausa.
Depois de muito refletir sobre o assunto, parece-me que um historiador deve também e necessariamente ser poeta, pois somente os poetas podem entender essa arte que consiste em ligar os fatos com habilidade. Na verdade, não se encontrou ainda uma métrica apropriada para a história, um sentido espacial ou temporal. Ela escoa livremente, sem rimas, nada mais que um jorro de fatos, pessoas, eventos aparentemente sem muita lógica. Mas, de qualquer modo, qual a lógica da poesia? São três os tipos de poetas: inventores, mestres e diluidores. Os inventores estão sempre propondo novas regras; os mestres jogam divinamente bem e os diluidores são necessários. Os três se completam, como num triângulo amoroso.
Joana.
JOANA *percebe a fala do* PRETENDENTE, *mas continua o seu discurso.*
Minha personagem: Christine de Pisan. Poeta, historiadora, inventora, mestre, diluidora. O que me liga a essa figura medieval tão misteriosa e apagada pelo tempo? Uma historiadora engolida pelo tempo. Alguém que passou a vida construindo uma história e no final é descartada por essa mesma história. Mas a linha do tempo não é tão linear assim. Ela possui loopings, links, scapes, connections, bifurcations, que nos permitem qualquer tipo de ligação. Afinal, a distância não é tanta, quinhentos e poucos anos. E a sua figura me fascina. Christine de Pisan. Uma poetisa cantando a história medieval ou uma historiadora decifrando a poesia de sua época?

Joana!

JOANA *pára seu discurso, mas logo retorna, ignorando o* PRETENDENTE.

Christine relatou seus próprios atos, em seus poemas autobiográficos. Porém, nem todos são poetas. E muitas vidas se perdem. Para sempre. Por isso, deveria haver um historiador para cada vinte habitantes, e todo dia esse historiador se comunicaria com o seu grupo de vinte, incluindo ele próprio, e registraria o que aconteceu a cada um. Assim, a história de todos estaria documentada, para quem quisesse estudá-la, num futuro. Pequenas histórias montando a grande história, o registro total. Tudo estaria lá, acessível a todos.

Joana, abre a porta. Você sabe que sei que você está aí. E dessa vez não vou embora. Vou ficar aqui, esperando, até você abrir. Porque algum dia você vai ter que abrir. Você não vai ficar aí, trancada, pro resto da vida. E quando você abrir, você vai ter que me ver, pois estarei aqui, te encarando. Então, se isso vai acontecer, mais cedo ou mais tarde, por que esperar? Abre agora. Joana, me escuta. Te amo. Muito. Não sei mais o que fazer. Já tentei te conquistar, não deu certo. Já tentei te esquecer, também não adiantou. Penso em você dia e noite, não importa onde esteja, no metrô, no parque, no cinema. Por que você não me dá uma chance? Queria ficar com você, saber de você, o que você está estudando, o que você está lendo; tudo em você me interessa, mesmo aquilo que você descarta me interessa. O seu lixo para mim é um paraíso. Já o seu paraíso, é inacessível. Estou desesperado, Joana. Não sei mais qual é o meu limite.

JOANA, *depois de um tempo imóvel, começa a arrumar os seus livros e, ignorando o* PRETENDENTE, *fala simultaneamente a ele.*

Preciso de tranqüilidade. Tantos livros para ler, tanto para estudar.
Penso em tudo. Teu corpo, teu rosto, teu sorriso, tua raiva.
O telefone não pára. Preciso desconectá-lo. Chega de ligações,
Mas sexo, não. Nunca. Nem em sonhos. É como se não fosse permitido.
interurbanos, familiares, enganos. Tudo isso me atrapalha. A
Pra falar a verdade, acho que nunca sonhei com você.
biblioteca perdeu as microfichas. Eles dizem que deve estar em
Estranho, muito estranho. Você domina todos os meus pensamentos,
algum lugar. Era uma das minhas únicas referências à Christine.
e na hora dos sonhos você desaparece. É terrível.
Mamãe ligou me convidando para ir com ela no aniversário de meu
Você não me deixa te tocar, te ver, te falar, e agora, nem sonhar
tio. Não posso, mãe. Tenho que estudar. Mas é o aniversário do
posso mais. O que resta, então? Queria te ter acima de qualquer coisa.
irmão dela, o único parente dela vivo, o último elo que ela tem
Queria ter filhos com você. Ou então, simplesmente, viver ao seu lado.
com a sua infância, com a sua história. Não posso negar isso a
Mais nada. É pedir muito, Joana?

minha mãe. Preciso dar mais aulas. Preciso de dinheiro. Mas se
Olha em volta, quantos casais, quantos filhos, quantas pessoas vivendo um
dou mais aulas, acaba o meu tempo, e a tese vai pro espaço. Vinte
dia após o outro, sem maiores expectativas, a não ser o simples fato de viver.
e quatro horas não são mais suficientes. Preciso de mais tempo.
Mas não. Isso não te interessa. Você quer sempre algo mais.
Tudo me consome muito tempo. A TV. São tantos canais, programas,
O que, Joana? O quê? O que mais posso fazer? Me diga.
shows, filmes, futebol, propaganda,novela, documentários. Não
Quando penso que todo esse desejo, toda essa paixão, nunca
tenho uma bússola para me guiar. Geralmente estou em meio a um
vai se concretizar, que nunca vou te tocar, nunca vou te beijar,
engarrafamento, de carros, de imagens, de palavras. Não é triste, é
isso é tão terrível! Joana, me escuta, detesto estar nessa situação,
apenas a forma que as pessoas vivem. Cada um precisa fazer a sua
me lamentando, mendigando o que sinto, me abrindo dessa maneira
opção. Ou se perder pra sempre em meio a esse engarrafamento.
tão molhada, oleosa, mas realmente não sei mais o que fazer.
Mais que tudo, preciso me concentrar em Christine. Só ela me
O que pensar. Também não sei se você ainda escuta o que falo, ou se a
interessa. Nada mais.
minha voz já não faz nenhum efeito sobre você, é como um ruído no
aparelho de TV. Você sabe que o ruído existe, mas ele não atrapalha em
nada, no máximo, incomoda. Fica tranqüila, não vou fazer ruído al-
gum, mas também não vou sair daqui. Em algum momento, hoje, ama-
nhã, daqui a cinco anos, não importa, você vai ter que abrir. E não
adianta; vou estar bem no meio do seu caminho.
JOANA dá um murro violento na pêra de boxe. Permanece esmurran-
do a pêra, no limite de suas forças. Até que sente uma dor na colu-
na, e então pára sua rotina de exercícios. JOANA pega uma garrafa
de vinho e uma taça e vai com um certo esforço, devido a dor na
coluna, em direção ao projetor. JOANA apaga a luz, acomoda-se em
sua poltrona, e liga o projetor. Começa a exibição de um filme.
As imagens do filme dominam a cena.
Toca o telefone.
JOANA o deixa tocando, sem atender.
O telefone insiste.
JOANA atende o telefone, claramente de mau humor.
Alô.
ELA reaparece.
Alô... Quem fala?
Joana.
Joana... É você mesmo.
Quem está falando?

Meu nome... Não adianta... Você não me conhece.
Não gosto dessa brincadeira.
Ninguém está brincando com você... Sério.
Vou desligar se você não falar quem é.
Não te censuraria... A cidade está cheia de loucos... E loucas.
Não vale a pena perder tempo com eles.
E tempo é exatamente o que não tenho.
Desculpe... Não queria te incomodar.
Posso ligar mais tarde... Se você preferir.
JOANA desliga o projetor e acende a luz.
Não precisa. Já parei o que estava fazendo.
Você salvou?... É sempre bom.
Não estava escrevendo nada. Não agora.
Você escreve... Peças.
Não. Só uma tese.
Acadêmica... Com uma tese.
E qual o tema?
O que você quer comigo? É um trote? Vou desligar.
ELA faz um barulho imenso com algum objeto.
Meu Deus! O que foi?
Nada... Algo que caiu no chão.
Mas você estava me falando... De sua tese.
O que tem ela?
Qual o tema?
Para que você quer saber?
Talvez possa ajudá-la... Quem sabe?
Bom, não vai mudar muito se te contar. Estou estudando Christine de Pisan.
Christine.
Você conhece?
Talvez.
Como assim, talvez? Ou sim ou não.
Nem sempre é assim... Tão delimitado.
Por exemplo... Até que ponto te conheço?
Você conhece a minha voz, tem o meu telefone, sabe o meu nome e ocupação. Já é alguma coisa.
Sei também do mais importante... Christine de Pisan.
E o que isso te interessa?
Silêncio.
Você ainda está aí?
JOANA não obtém resposta. Um pouco atordoada, fica a refletir por um instante.
Coloca então um disco. Ouvimos Wilson Simonal.
JOANA respira fundo, toma coragem e vai até a porta.
Abre-a subitamente, surpreendendo o PRETENDENTE.

JOANA olha fixamente para ele.
O PRETENDENTE, porém, não reage. Continua imóvel.
JOANA espera um pouco mais. Nada acontece.
JOANA, então, dá as costas para ele e adentra o gabinete, deixando, porém, a porta aberta. JOANA volta a sentir a dor na coluna, se contorce ligeiramente, mas, mesmo assim, retoma a sua performance.
Como conhecer a história de uma pessoa? Pelo que ela diz, ou pelo que dizem dela? No caso, qual a história dele? A que ele conta, ou a que o acusam? Difícil dizer. O passado muda a cada dia. Mas de qualquer modo, daqui a cem anos, o que vai permanecer: O Simonal artista ou o Simonal proscrito? O ídolo ou o acusado?
A dor na coluna piora. JOANA massageia as suas próprias costas, tentando relaxar.
Realmente não sei. A única coisa certa é essa dor horrível nas costas. Nenhum médico chega a qualquer conclusão, e ela só tem piorado.
JOANA se deita ao chão, e esfrega as costas com força contra o piso. Há um misto de desespero e prazer em seus movimentos.
Christine de Pisan... Belo nome.
Mas não é só um nome. Uma mulher, historiadora e poeta no século XV. É fascinante!
Fale mais sobre Christine... O assunto me agrada.
O que você quer saber sobre ela?
Tudo.
Que tal a biografia... Para começar.
Italiana, filha de Thomaso de Pisa, o maior astrólogo de sua época. Ele faz um mapa astral da pequena Christine, e descobre que o futuro da criança passaria pelas belas palavras da filosofia.
Timidamente, o PRETENDENTE entra no gabinete. Ele se move de maneira sorrateira, evitando sempre o confronto visual com JOANA.
Thomaso foi o astrólogo pessoal do rei Carlos V da França. Christine vive na corte e se apaixona por Paris. Ela só deixa a cidade perto de sua morte, quando se enclausura em um mosteiro, junto à filha.
Então, além de historiadora e poeta, Christine foi mãe... Isso sim é fascinante!
Não. O mais importante é que Christine foi a primeira feminista que se tem história. Isso há mais de quinhentos anos, em um mundo totalmente masculino. Christine se impôs e inventou uma nova ética: a igualdade.
O feminismo... Vem depois.
Ainda não encerramos... A jovem Christine.
Perfeito. Em uma recepção, ela conhece Etienne de Castel, secretário do rei. Eles se casam, e Christine passa a ser a Senhora de Castel.
Um belo nome... Para um bom vinho... Tinto, talvez.
JOANA olha para a taça vazia e a garrafa cheia, esquecidos. Vai em direção a eles e se serve, enquanto fala.

A vida era doce para Christine. Festas, vida caseira, filhos. Até que, de um momento para outro, morrem seu pai e seu marido. O pai, decadente no reino, morre na penúria. O marido, jovem demais, ainda não havia feito fortuna. De repente, a solidez da vida de Christine evapora-se. As festas, o poder, o dinheiro já faziam parte do passado.
Órfã, viúva e falida... Que destino trágico para a Senhora de Castel.
Pois é nesse momento que nasce a poeta.
JOANA e ELA brindam e bebem o seu vinho.
Não se esqueça, estamos no século XV. É algo muito raro a figura de uma poetisa. A sua escrita é melancólica, cheia de dor, mas dura, veemente. Ela não teme expor poeticamente suas idéias sobre a vida, a política, Deus, e sobre as mulheres, acima de tudo. Brava Christine!
Que tal uma de suas poesias... Para conhecê-la melhor.
Quero ver... Se ela é boa mesmo.
JOANA vai à mesa e pega um livro. Procura uma poesia em especial. Encontra o que procurava, sorri, e lê de uma maneira toda pessoal.
He Dieux! Quel dueil, quel rage, quel meschief,
Quel desconfort, quel dolente aventure
Pour moy, hélas, qui tourment ay si grief
Qu'oncques plus grant ne souffri créature!
ELA aplaude entusiasmada a leitura.
Você lê muito bem... Fiquei emocionada.
Você entende francês?
Não... Nem uma sílaba.
Então, não entendeu nada.
Isso não importa... São só palavras... Em outra língua.
Mas os sons, a sua angústia... É de uma total transparência.
A única razão pela qual Christine escrevia era para esquecer-se de suas perdas, de seu infortúnio.
De sua tristeza... Você deve ter muitos livros de Christine.
Existe apenas um, o qual já li infinitas vezes. O livro é uma raridade, foi um milagre encontrá-lo. Não desgrudo dele um segundo.
Posso ler outra poesia para você?
Claro... Se você não falasse, pediria assim mesmo.
JOANA abre o livro, desta vez ao acaso. Na página que abriu, lê um poema.
Ester, Judith e Débora
Foram mulheres de grande valor
Pelas quais Deus reanimou seu povo,
Nos momentos de grande opressão,
E sobre outras ouvi falar,
Imbatíveis em valentia,
Mas ninguém superou os milagres

Realizados pela donzela.
Ah, que honra para o sexo feminino!
Que Deus tanto amou
Que mostrou um caminho
Para este grande povo
Pelo qual o reino, um dia perdido,
Foi recuperado por uma mulher,
Feito que os homens não podiam realizar.
JOANA fecha o livro, e, com cuidado, o recoloca sobre a mesa.
Esse poema... É especial para você.
Sem dúvida.
Não. É apenas uma de suas poesias históricas. Peguei por acaso. Costumo fazer isso. Abro em qualquer página e leio um trecho.
Mas essa não era qualquer página... Isso posso lhe garantir.
JOANA reflete por alguns momentos.
O PRETENDENTE, mais silencioso e imperceptível do que nunca, pega o livro e não o solta mais.
Você tem razão. É uma poesia especial. A última que Christine escreveu, pouco antes de sua morte.
A personagem central... Você percebe.
A donzela.
Joana D'Arc... Tem o mesmo nome que você.
Já existiram milhares de Joanas na história.
ELA se aproxima de JOANA, toca em seu ombro e sussurra em seus ouvidos.
Ester, Judith e Débora foram mulheres de grande valor pelas quais Deus reanimou seu povo, nos momentos de grande opressão, e sobre outras ouvi falar, imbatíveis em valentia, mas ninguém superou os milagres realizados pela donzela.
Joana... Joana D'Arc.
ELA interpreta o poema de uma maneira totalmente diferente, enfatizando a figura de Joana D'Arc. A sua leitura envolve por inteiro JOANA, a qual, confusa, assustada, anda meio perdida pela sala, até que vai ao projetor, onde volta a projetar o filme que estava assistindo antes do telefonema.
As imagens do filme voltam a dominar a cena.
Já tentei me lembrar inúmeras vezes de como a conheci, a primeira vez que a vi, fixar esse primeiro momento. Impossível. Ela se tornou tão essencial, tão premente, que a impressão é que ela sempre existiu, desde que nasci já a conheço. É muito difícil tentar contar a história de nossa relação, ou de nossa não relação. Não sei bem o que vem antes, ou o que vem depois, no máximo existem flashes, fragmentos. E sou incapaz de colocá-los numa ordem. Houve uma tarde no Trianon. Era um dia normal da semana, podia ser uma quinta ou uma quarta, tanto faz, e estava no meu horário de almoço. Comi um sanduíche, na época só

almoçava sanduíches, e sentei num banco de madeira para descansar um pouco. Fecho os olhos, cansado, com sono. Não sei se dormi, se sonhei, quanto tempo passou, mas quando volto à realidade, levo um tremendo susto. Era ela, linda, andando meio sem rumo pelas alamedas do parque. A roupa, um vestido azul claro, leve, bem de acordo com o calor. Na mesma hora, sem pensar muito, pulei na sua frente, e com a expressão mais idiota soltei um: que coincidência! Ela estava tão distraída em seu passeio, que parou assustada com a minha intervenção patética. Porém logo se recompôs, me deu um beijo no rosto, e voltou a andar, como se nada tivesse acontecido. Lógico, passei a andar a seu lado, como se fosse a coisa mais natural do mundo. Não falamos muito, também não precisava falar, já era bom demais andar a seu lado, em meio às sombras do parque, e de repente um feixe de sol surgia, e o rosto dela se iluminava, ficava brilhante, e os meus olhos se fixavam naquele rosto, como se ele me pertencesse de fato e de direito. Após idas e vindas, saímos do parque, atravessamos a avenida e entramos no museu. Simplesmente a seguia. Onde ela fosse, iria também. Ela não se indispôs, acho que apreciava a minha silenciosa companhia. No museu, almoçamos. Até esqueci que já tinha tido o meu sanduíche e almocei novamente, faminto, como se não comesse há dias, e depois vimos uma exposição de uma brasileira, não lembro o nome, que pintava as batalhas da guerra do Paraguai. Parávamos horas em cada tela, pois ela se interessava pelos menores detalhes; os soldadinhos mortos, os fuzis, os cavalos correndo soltos. Por minha vez, também buscava registrar cada movimento, cada olhar, cada gesto, tudo nela me interessava, afinal não tinha a menor idéia de quando seria a próxima vez que iria estar assim, tão próximo dela, tão íntimo. Ficamos horas nessa corrente inquebrantável: observava minuciosamente ela que observava minuciosamente os quadros da artista que observava minuciosamente a guerra. Até que o segurança nos acordou, e quando olhamos para os lados, estávamos sozinhos, todos já tinham ido embora. Saímos do museu, e um jato de escuridão caiu sobre mim. Tive que abrir bem os olhos para enfrentar a noite. Olhei para o lado, e lá estava ela, vestindo uma malha. Só então percebi que o tempo havia mudado, e que estava bem frio. Olhei para o meu corpo, e a única coisa que vi foi o casaco que havia deixado no consultório, sobre a cadeira, no calor da hora do almoço. Mas isso não importava agora. Mais importante era não perdê-la de vista. Ela entrou num cinema da Paulista, acho que o Gemini. Comprei pipocas e comemos juntos. A sessão anterior ainda não havia terminado, então ficamos sentados na escada, esperando. Até conversamos um pouco. Sobre cinema. Ela falou os filmes que tinha ido ver ultimamente, e aí falei os meus. Nenhum bateu. Finalmente entramos na sala. Ela sentou-se ao meu lado e tirou um par de óculos da bolsa. Fiquei maravilhado. Seu rosto de óculos me proporcionava novas imagens, um novo arsenal de memórias. Os óculos realçavam a beleza de seus olhos, como se traçassem uma moldura. Mas, infelizmente, as luzes se

apagam, o filme começa e tenho que interromper o meu olhar. Viro-me para a tela, meio sem vontade, mas aos poucos, o filme começa a me envolver, e pela primeira vez naquele dia, algo me prendia mais a atenção do que ela.
O filme que JOANA *assiste termina.*
JOANA *desliga o projetor, levanta-se de sua poltrona e deita-se ao chão.*
Quando o filme termina, acendem-se as luzes e, emocionado, olho para o lado, querendo compartilhar com ela esse sentimento. Vazio. Ela não estava lá. Tinha ido embora. E nem percebi. Não sei se foi no início, no meio ou no fim do filme, não importa, estava sozinho de novo. Não tive forças para me levantar, nem notei que as pessoas já haviam saído, outras entrado, e já começava a última sessão. Passei as duas horas seguintes sentado no mesmo lugar, só que ao invés da tela, não tirava os olhos da cadeira vazia ao meu lado, como se tentasse reestabelecer a história, consertá-la; talvez se encontrasse o momento de meu erro, ela voltaria. À meia noite, já não havia mais ninguém na sala, e ela não havia voltado. Depois desse dia, voltei diariamente ao Trianon, fui inúmeras vezes ao Gemini, mas nem sinal dela. Foram dias terríveis. Felizmente, tinha todo um arquivo de imagens, memórias, lembranças dela em minha mente, e foi isso que me fez sobreviver. Só fui encontrá-la de novo dois anos depois, quando já estava quase desistindo. No momento em que a vi, compreendi que nunca desistiria; o que sentia por ela era mais forte do que qualquer coisa. Não adiantava lutar contra. Era inútil.
O PRETENDENTE *olha o livro com extrema ternura, e num gesto estudado, ateia fogo nele.*
Já tentei inúmeras vezes me lembrar qual era o filme que assistimos. O nome, a trama, os atores, alguma cena, nada. Era só um filme; e é tudo o que me lembro.
O PRETENDENTE *larga o livro e volta a andar pelo gabinete, sempre evitando estar próximo a* JOANA, *a qual permanece deitada, em silêncio.*
ELA *olha fascinada o livro ser consumido pelo fogo.*
Acho que não é a hora de dormir... Não agora.
JOANA *acorda, assustada.*
Estava no meio de um sonho.
Melhor ainda... Adoro ouvir sonhos.
Como era o seu?
Não sei. Era uma coisa meio confusa, que mexia comigo. Só que nunca vou me lembrar.
Lógico que vai... É só tentar.
Impossível. Ainda mais assim, interrompido no meio. É uma sensação horrível, de que algo está faltando.
No sonho... Tinha alguém com você?
Não. Sou sozinha. Sempre.
Todos são sozinhos... Sem exceção.

Mas deve ter alguém... Uma pessoa.
Muito próxima.
Ninguém. Não existe ninguém.
Então nunca se apaixonou... Nunca.
Uma vez.
Como foi?
Você promete que não vai rir? A história é meio boba.
Fique tranqüila... Jamais faria isso.
Desde criança, adoro ir ao cinema. É a melhor coisa que existe. Um dia, estava assistindo a um filme e, de repente, não conseguia mais ler as legendas. Ficou tudo completamente embaçado. Entrei em pânico. No dia seguinte resolvi ir a um oftalmologista. Procurei no livrinho do convênio, e escolhi um pelo nome, Doutor Dilermando. Quando entrei em seu consultório, ao invés do sério e casto Dilermando que esperava, surge à minha frente um jovem misterioso, voz delicada, olhos cortantes. Ele me examinou, olhando fundo nos meus olhos, como até hoje ninguém ousou olhar. Desejei que ele se aproximasse cada vez mais e me beijasse, com a mesma força com que me olhava. Fiquei então imaginando como seria o seu beijo. Quente, passional, clínico, oftalmológico. Mas o tempo voou, ele me receitou um par de óculos e a consulta terminou. Ele sorriu para mim e disse para voltar quando os óculos estivessem prontos, para conferir a gradação. Fui embora, os olhos dele em minha mente. Mandei então uma carta junto com os óculos, declarando todo o meu amor por ele. Não tive resposta. E foi só. Nunca mais o vi. E tudo se deu em meia hora, o tempo de uma consulta. Foi o suficiente para conhecer a paixão e a rejeição. Não, não quero mais isso. É tudo imperfeito demais. Prefiro a solidão. É mais humana.

ELA ri.

O que foi?
A sua história... Você tinha razão.
Ela é ridícula.
Você prometeu que
Desculpa... Não resisti.
É que sou imperfeita... Demais.
Você é estranha. Mas gosto de conversar com você. Me sinto bem.
E você?
O que quer saber?
Por que me ligou?
O seu sonho.
Era você sozinha...Que mais?

ELA canta uma harmonia desconhecida, de extrema beleza.

Havia um som estranho, que envolvia tudo, enquanto andava meio sem rumo, olhando as coisas à minha volta. E tudo me parecia tão desordenado, tão sem sentido, que me angustiava, e me sentia na obrigação de fazer algo. Era muito importante.

A música cantada por ELA *cresce em intensidade.* JOANA *respira com sofreguidão, como se revivesse o sonho. Até que*
JOANA, *iluminada, proclama*
Tenho uma missão a cumprir. Uma ordem de Deus. Primeiro, expulsar os ingleses de Orleans. Depois coroar o delfim, e fazê-lo rei soberano da França. O destino já está traçado. Não posso mudar a história. No máximo cumpri-la. Sou apenas um instrumento de Deus.

JOANA, *perplexa, reflete por alguns instantes, imóvel, sem ação. Até que sai de seu repouso e procura algo nos livros. Em sua busca, folheia inúmeros livros, e lê trechos de alguns.*
Catherine de Pisan mostrou o caminho.
Que foi trilhado por Joana.
Em uma missão de morte e vida.
A donzela.
La pucelle.
Joana D'Arc.
Nasceu em seis de Janeiro.
1430.
Dia da Epifania.
Epifania.
Aparição ou manifestação divina.
Ela se dizia guiada por vozes.
Santa Margarida.
Santa Catarina.
São Miguel.
Somente ela podia ver as vozes.
Com os olhos de seu corpo.
Largou os pais.
Seu pequeno vilarejo.
Sua vida de camponesa.
Seu futuro.
E foi lutar pela França.
Encerrar a interminável guerra.
Dos cem anos.
Na época, tinha dezoito.
Morreu aos dezenove.
JOANA *fecha o livro.*
Sim, acredito estar na graça de Deus.
Se não estiver, que ele me coloque.
Se estiver, que ele me mantenha.
Que tal um jogo?
Um jogo?

Qualquer um... Você escolhe.
JOANA pega seu jogo predileto, "Pega Varetas", e senta-se ao chão. As varetas, coloridas, brilhantes, são um pouco maiores que as habituais.
Então... O que vamos jogar?
Pega varetas.
Pegar varetas... É o objetivo.
Mais ou menos. Até conta pontos, mas o que realmente interessa é pegar a vareta preta. Essa sim é valiosa.
Ótimo... Estou pronta.
Mas como vai ser isso?
Simples... Você começa.
JOANA joga, confiante, querendo ganhar.
As varetas flutuam pelo gabinete.
ELA espirra. JOANA, desconcentrada pelo espirro, perde.
Sua vez.
Você... Me ajuda?
ELA joga com propriedade. JOANA ocasionalmente a ajuda, para pegar alguma vareta mais difícil.
Vou pegar essa preta... De qualquer jeito.
Nunca perco.
ELA finalmente pega a vareta preta e a passa para JOANA.
Muito bem. Você sabe jogar.
Sorte de iniciante... E a ajuda de suas mãos.
São muito habilidosas.
Já joguei muito. Tardes inteiras.
Sozinha... Em seu quarto.
Não. Na casa de minha avó.
Sua avó... Uma nova personagem.
Importante... Sem dúvida.
Minha confidente. Passava todas as tardes na sua casa, em Santana. Ela morava sozinha, era viúva. Adorava ouvir seus discos, conversar com ela. Vovó não tinha TV. Mas o que mais me encantava era a sua coleção de santinhos. Ficava horas brincando com eles, inventando histórias para cada um deles.
E Santa Joana... Qual era a tua história?
Achava que era um homem. E me apaixonei por aquele bravo guerreiro, lindo em sua armadura, mas ele morria, assassinado, após uma sangrenta batalha.
Que belo final... Mas por que você o matou?
Não tive nada a ver com a sua morte.
Lógico que foi você... Era a autora das histórias.
Você matou Joana... O guerreiro... E sua avó.
Ainda vive?
Não. Morreu há alguns anos. Derrame.
E não houve nenhuma outra... Confidente.

Você.
Você... Realmente confia em mim?
Confio. A tua voz me tranqüiliza. Me sinto segura ao ouvi-la. Mas a qualquer momento posso desligar... E não ligar mais. Nunca mais.
Você não faria isso.
Depende... Nada impede.
Se isso acontecesse... Como você se sentiria?
Triste.
Mas e a sua solidão... Você não prefere?
Não sei mais.
Joana D'Arc... Não lutou sozinha.
Ela tinha um exército.
ELA olha o PRETENDENTE, que até então se ocultava de JOANA.
Você também... Precisa de um.
Para continuar... A sua história.
JOANA percebe o PRETENDENTE.
O delfim. Ele mesmo. Joana vai ao seu encontro. Precisa dele para cumprir sua missão. O delfim se oculta entre os membros da corte, e coloca um outro qualquer em seu lugar, para testar Joana. Quando ela entra no salão, não titubeia um segundo. Passa batido pelo falso delfim, e vai direto ao verdadeiro, como se fosse íntima deste, sendo que ela nunca o havia visto antes.
JOANA e o PRETENDENTE se encaram fixamente.
JOANA canta uma antiga melodia francesa.
Como sabe esta canção? Era a favorita de minha mãe, que só cantava para mim. Ninguém mais a conhece.
Sei tudo a seu respeito, meu nobre delfim. Estou aqui para cumprir o seu destino glorioso de reinar a França. Confie em mim, que logo reinará absoluto, sem o infortúnio da presença inglesa em nosso território.
Como posso confiar em você? Não sei nada a seu respeito.
Não há nada a saber sobre mim, senhor. Sou apenas uma camponesa que foi escolhida para salvar a França e coroá-lo rei. Nada mais.
Impossível! Não posso confiar em você. O mundo está cheio de traidores.
Olhe bem para mim, senhor. Acredita realmente estar vendo uma traidora? Ouça, senhor. Vou lhe contar uma história. Há um ano atrás, um nobre cavalheiro dirigiu a Deus esta prece: "Se sou o verdadeiro herdeiro da nobre casa da França, e se é de justiça que o reino deva me pertencer, ó Deus, ajudai-me". Então, meu caro e digno delfim, por acaso conhece a alma iluminada que proferiu essas palavras?
Sabes até os meus segredos mais íntimos! Você é estranha. Tenho medo!
Não tema, senhor. Sou a única que pode fazer cumprir o seu glorioso destino de reinar absoluto a nossa França. E só o senhor pode me ajudar a fazê-lo.

Mas o que posso fazer? Não tenho poder algum. Nunca tive.
Mas terá. Deixe-me liderar o seu exército e logo libertaremos a França do domínio inglês. Deus está do meu lado. E com ele seremos imbatíveis.
O PRETENDENTE silencia, totalmente absorto em seus pensamentos. Com extrema delicadeza, JOANA passa a "moldar" o PRETENDENTE, como se este fosse uma escultura em argila. JOANA o delineia em uma postura mais altiva, mais nobre. Transforma o PRETENDENTE em um verdadeiro rei.
JOANA então sussurra, com a voz mais doce do mundo.
Apenas confie em mim, meu senhor. Não há no mundo alguém que queira o seu bem tanto quanto esta simples camponesa. Daria a minha própria vida por sua glória.
O PRETENDENTE, após longa reflexão, finalmente exclama
Senhoras e senhores, quero apresentar a todos a nova comandante de nosso exército, a enviada de Deus para expulsarmos o inimigo inglês de nosso país: Joana, a donzela! Que todos a sigam e a obedeçam. De hoje em diante, não há em nossas fileiras pessoa com maior poder que a donzela. Estamos em suas mãos, e creio que não poderíamos escolher mãos mais sábias e generosas. Que Deus seja louvado!
JOANA sorri, satisfeita com sua vitória.
Ela o reconheceu, sem nunca o ter visto antes. Eram almas gêmeas. Joana e o delfim.
Não é necessário ver a pessoa para conhecê-la... Basta imaginá-la.
Se me ocultasse como o delfim... Você também me reconheceria.
Tenho certeza.
Mas não tenho a menor idéia de como você é. Para falar a verdade, me angustia um pouco nunca ter visto o teu rosto.
Você não precisa ver o meu rosto pra saber como sou... Você já me conhece.
Perfeitamente.
Você pensa. Não sou tão imaginativa assim.
Que tal outro jogo?
Qual?
Você vai me descrever... E vou escutar.
Cada palavra.
Mas
Pronto... Começou.
Estou esperando.
JOANA aceita o jogo.
Poderia ficar horas, dias, aqui, jogando com você. Sem comer, beber, dormir, nada. Só o nosso jogo. E em cada pequeno movimento, você se mostraria um pouco mais. O teu corpo, longilíneo, flutuante, silencioso. Quase sem ruídos. Teu andar, tua respiração, imperceptíveis. Você se infiltra, envolve, e quando se dá conta, já

está totalmente dentro do outro. O teu toque, o teu beijo, tão suaves quanto a tua voz, que vai hipnotizando, inebriando. Teus olhos observam e se observam sem parar; olhos grandes, mas tristes, sem ninguém para olhar, nem a tua própria sombra. As minhas palavras são tua melhor companhia. Você não desliga, permanece conectada a mim, ligada, pois no fundo você precisa de mim tanto quanto preciso de você. Tua solidão te faz forte e frágil ao mesmo tempo. E agora, você tem que ir até o fim, não pode desistir.

JOANA veste roupas bélicas e botas militares. Com a nova indumentária, dança um rock, numa simulação de batalha. Seus movimentos são fortes e agressivos, derrubando livros e prateleiras.
O rock pára.
JOANA está pronta.
O PRETENDENTE se aproxima, decidido, tal qual um soldado.

Sei que a vida é uma coisa séria, mas ainda não está bem formatada. Para ajudar a organizá-la, vou ter que dar toda a minha força, toda a minha juventude. Mas não me importo; nós é que vamos vencer! E o momento chegou. Estamos prontos! Deus está do nosso lado. E não há mais tempo a perder.

A batalha é travada sob o mais total silêncio.

Renda-se em nome de Deus!
Não vou me render. Nunca! É melhor você me matar, pois lutarei até o fim.
É o meu último aviso. Renda-se. Seus colegas já estão todos mortos. Poupe a sua vida.
Ela não vale mais nada. Para mim chega! Prefiro que me mate. É o mais digno a fazer.
É o que você quer realmente?
É o que tem que ser feito.
Que assim seja, em nome de Deus.

JOANA se prepara para golpeá-lo, quando de repente pára. O PRETENDENTE, esperando o golpe mortal, fica perplexo com a hesitação de JOANA, e a olha mais atentamente.

Qual o problema, Joana, por que não me mata de uma vez e abrevia este sofrimento? Não há mais razão para me manter vivo. O que te faz hesitar?
Os teus olhos.
Silêncio.
Você não se parece com os outros ingleses, meros inimigos anônimos. Você é diferente. Tem um rosto. E este rosto tem belos olhos.
Olhos que jamais viram um rosto como o teu. Se morresse agora em tuas mãos, morreria feliz.
JOANA evita olhá-lo.
Por favor, vá embora, inglês. Você é meu inimigo. Não sei o que se passa comigo, mas não posso olhá-lo. Pelo amor e graça de Deus,

vá embora!
Esqueça a guerra, Joana. Para que tantas mortes, destruição? Começo a achar tudo isso sem sentido. Vamos embora. Nós ainda temos uma chance, Joana. Podemos começar uma nova história.
Você é pior que o demônio! Não posso fugir com você. Tenho um destino a cumprir, e nada vai me afastar dele. Entendeu, inglês, ninguém!
Você não compreende. Bastou um olhar teu, e já estou irremediavelmente apaixonado. Nunca senti, nem sentirei isso por outra mulher.
Vá embora de uma vez por todas! Se você não desaparecer em um segundo, prometo que me matarei, pois a morte é mais suave do que a vergonha que estou sentindo. Por todo o amor desse mundo, desapareça!
JOANA chora, ajoelhada, as mãos escondendo o rosto.
O PRETENDENTE se aproxima de JOANA, e sem que esta perceba, se prepara para estuprá-la.
Antes, porém, ELA olha de maneira severa para o PRETENDENTE, intimidando-o. Afinal, ele também hesita, e acaba desistindo do estupro. O PRETENDENTE, então, vai até ELA.
JOANA se deixa cair ao chão, sem forças. Olha para o lado e vê ELA e o PRETENDENTE se enlaçando, de maneira extremamente sensual.
Aos poucos, JOANA começa a acariciar o próprio corpo. Sente prazer. Seus movimentos lentamente ganham intensidade.
As carícias de JOANA chegam aos genitais.
JOANA começa a se masturbar.
Seu corpo ondula ao ritmo de seus movimentos. JOANA geme, totalmente entregue à situação.
Num momento mágico, atinge o clímax, soltando um pequeno grito.
JOANA, então, fica deitada, quase desfalecida, olhando o céu. A sua voz sai baixa, sussurrada, de maneira suave e pausada.
Ainda havia algo que devia provar ao mundo: a sua virgindade.
O PRETENDENTE se aproxima de JOANA e com interesse científico passa a examinar os genitais de JOANA.
Foi examinada por um corpo de clérigos e beatas. O exame foi minucioso, detalhista. Só uma mulher casta, intocada, poderia ser enviada por Deus, e por ele protegida. Não havia meio termo. Se não fosse virgem, seria desmascarada, e a história teria terminado aqui.
O PRETENDENTE se levanta e satisfeito conclama
Não há dúvidas. O diagnóstico é definitivo. Em nome de Deus, afirmo que a donzela é realmente imaculada, não tendo sido tocada por nenhum homem, estando, portanto, apta a receber a proteção divina de nosso Senhor. Que Deus salve a França e guie a donzela. Amém.
Uma guerreira virgem... Em meio a um mundo de soldados.
E o sexo... Não sente falta?

Sinto falta de tudo. Sexo, prazer, vida. Mas tenho medo.
Medo... Que bobagem.
É verdade. Tenho medo. É tudo tão confuso. Um emaranhado de desejos, ansiedades, expectativas. E não consigo me adaptar. Prefiro não me envolver com nada.
Você complica tudo... Demais.
Pra você as coisas são simples?
Elementares.
Então me diga, agora. O que você sente?
Sentir.
É. O que você sente por mim? Responda.
Por que... Você quer saber?
Você nunca se mostra!
Mostrar... O quê?
Aquilo que você sente, o que você é. Uma vez na vida. Me responda. O que você quer de mim? O quê? Quem é você?
Joana, por que você não pergunta para mim? Você sabe que posso te responder. Quem mais vou ter que ser para você acreditar em mim? Quem mais?
Você. O que quer de mim?
Os três falam simultaneamente.
Será que você ainda não percebeu... Nunca respondo... Só pergunto.
Mas não tenho pressa. Sei que tudo vai acontecer na devida hora.
O que mais quero é estar presente, fazer parte da ação.
Embora ache que as minhas perguntas já não são mais necessárias...
E não faz mal, vou esperar, pois sei também que ainda serei o protagonista
Ser personagem da história, e não sempre a narradora, que comenta,
Você já sabe as respostas, Joana. E o pior... Sabe também as perguntas.
de tua história, nem que seja no fim dela. E então te amarei, Joana, te
que analisa, que está sempre distante de tudo. Não agüento mais isso.
Pensando bem, Joana, o jogo está ficando bem perigoso... Normalmente,
beijarei, sentirei o teu suor, o teu hálito, a tua respiração, teu corpo. Não
Quero estar dentro, perto. Perto de você. O que mais quero
isso seria ótimo... Mas desta vez... A situação é um pouco diferente.
sairei mais do teu lado. Pois não existe vida sem você, Joana. É tudo um
é te conhecer. Ver você, o teu rosto, os teus olhos. Tentar entender
Coisas estão acontecendo... Você joga muito bem, Joana... Foi a melhor
grande vazio, imenso e silencioso, sem luz. Sem graça. Um grande nada.
algo. Não sei nada de você. Nem sei o teu nome.
até hoje... Pode até me derrotar... E não posso permitir isso... Nunca.
É esse o final.
Você se tornou muito importante. Vital. Tenho que saber mais, te conhecer de verdade. Esse é o meu maior desejo. Me diz, qual o teu nome?
ELA *desliga o fone.*

Todo o palco escurece, deixando só um foco de luz sobre ELA.
Melhor parar aqui... Afinal, já cumpri o meu papel.
Não há mais nada que possa fazer... Nada.
Não posso passar desse ponto... É o meu limite.
Se continuar...
Nunca perco o controle... O pulso.
E desta vez... Fui longe demais.
Coisas sagradas... Foram tocadas.
Tenho que ser mais cuidadosa... Da próxima vez.
Se houver.
De qualquer modo, Joana concluirá sua pesquisa... Não falta muito para terminar a história.
Os franceses são vitoriosos na batalha de Orleans, e em outras batalhas seguintes... O delfim é finalmente coroado rei.
Cumpre-se assim a missão de Joana... De maneira plena.
Mas ela, no entanto... Não se satisfaz.
Continua batalhando... E o inevitável acontece.
Joana é derrotada... Aprisionada... E julgada pela inquisição.
Infelizmente... Ela não terá muitas chances.
Nenhuma... Talvez.
Ano que vem farei trinta e sete anos.
Mais uma vez estarei sozinha e, quem sabe... De novo ligarei para alguém.
Será?
Só uma coisa é certa... Outros projetos vão surgir.
Há sempre muitos.
E com certeza... Desta vez vou conseguir gravar a minha imagem.
Finalmente ver o tempo.
Perceber a sua passagem em meu rosto... Sua passagem inabalável.
Hoje posso dizer melhor do que qualquer um.
É impossível deter a história... Deter o tempo.
É impossível.
Mas não se enganem.
Não tenho motivo para desespero... Depressão.
Vivo no Brasil.
A expectativa de vida média de um brasileiro... É sessenta e dois anos.
Logo, fazendo as contas... Ainda tenho vinte e seis anos.
Que, percebam... É a idade que tinha quando me gravei em vídeo.
As coisas, no fundo, têm um nexo... Nós é que a maioria das vezes somos incapazes de compreender.
Vejam só... O dia já amanhece.
O meu aniversário... terminou.
Agora... Tudo volta ao normal.
O PRETENDENTE *acende um cigarro.*
JOANA *está sentada, imóvel, como se estivesse amarrada.*

Antes de responder às perguntas, há algo que você deseje?
Um cigarro. Se não for pedir muito.
O PRETENDENTE passa o seu próprio cigarro para JOANA, que fuma com extrema dificuldade, dada a sua imobilidade.
Jura dizer a verdade, sobre tudo o que lhe for perguntado?
Nunca menti.
Pois bem, comece.
O PRETENDENTE pressiona JOANA, insinuando-se sexualmente. O assédio do PRETENDENTE, a luz forte e a música nervosa deixam o ambiente conturbado.
Adoro correr, correr até a exaustão. Até não suportar mais. Meus pés sangram, minha garganta fica seca, mas nunca paro. Vou até o limite. Adoro a chuva, correr na chuva. Me sentir molhada, o salgado do suor e o doce da chuva se misturando em minha boca. E se estiver ventando então, melhor ainda. Sentir o meu corpo tentando vencer essa barreira invisível, mas prazerosa, que me abraça, me beija, me leva pras montanhas. E então sinto o corpo delas. Duro, monolítico, sólido. A carne é uma coisa que me incomoda. Não possui uma forma. Tudo muito flácido, irregular, pegajoso. Mas as pessoas não são carne. São feitas de ferro, têm uma casca dura, nada passa através dela. As pessoas não entendem o que falo, nunca entenderam. Isso me desespera! Dá uma vontade de quebrar tudo. Tem uma bomba dentro de mim. Essa bomba vai explodir, sei que vai. E todos vão explodir juntos!
O PRETENDENTE chega a um ponto máximo em termos de assédio, quase que se relacionando sexualmente com JOANA.
Hoje é um belo dia para morrer. Deveria estar tranquila. Afinal, em toda essa luta, Deus sempre esteve do meu lado, me mostrando exatamente o que tinha que fazer. Mas, agora, não sei, me sinto sozinha, abandonada. Por que será que o telefone não toca mais? De repente, ele emudeceu! A minha coluna. Não me deixa nem por um segundo esquecer que tenho um corpo. E que ele conspira contra mim. Me maltrata. Por favor, faço o que vocês quiserem, mas não me torturem. Não suporto a dor!
O PRETENDENTE interrompe o seu assédio e passa um papel e uma caneta para JOANA, a qual, sem pensar duas vezes, assina o papel e só então lê o documento.
Assumo que pequei gravemente ao usar trajes masculinos, indo contra o que diz as escrituras: «A mulher não se vestirá de homem, nem o homem se vestirá de mulher, porque aquele que tal faz é abominável aos olhos do Senhor». Assumo igualmente que invoquei os demônios e os espíritos malignos; adivinhei o futuro e me auto declamei enviada de Deus. Enfim, reconheço meus erros e crimes, de heresia, insubmissão e perjúrio. Como pena por desvios tão graves, me resigno a uma salutar penitência em prisão per-

pétua, ao pão da dor e à água da agonia. Só assim terei a tranqüilidade eterna de chorar pelo que fiz, e não correrei o risco de cometer nada mais por que tenha de chorar. Que assim seja. Amém.
Após um silêncio, JOANA *rasga o documento, revoltada.*
Não me arrependo de nada! Querem me torturar? Pois então me torturem! Me matem se for necessário! Mas saibam da verdade!
JOANA *se exalta.*
Sou JOANA D'ARC!
Muito mais do que uma simples camponesa que ajudava os pais e criava ovelhas
UMA LEOA
Muito mais do que uma discípula do Delfim
UMA ESTRATEGISTA
Muito mais do que ouvir vozes
UMA LOUCA
Mais do que uma guerreira
MATADORA
Mais do que uma virgem
MULHER
Mais do que vestir roupas de homem
ANDRÓGINA SEMI-DEUS
Mais do que uma jovem acossada por padrecos
BRUXA
Mais do que um corpo queimado em praça pública
TOCHA HUMANA
JOANA *se desvencilha das amarras imaginárias e libera totalmente os seus movimentos.*
Mais do que uma santa
Muito mais do que uma santa
DAMA DE PAUS RAINHA DE FOGO!
JOANA *finalmente pára, e se deixa tomar pela imobilidade.*
Com a voz sussurrada, conclui
Esse foi o contato mais próximo que tive de Deus.
Para mim, isso basta.
O PRETENDENTE *se aproxima silenciosamente de* JOANA.
Nunca te tive assim. Tão disponível. Tão entregue. Posso fazer o que quiser com você. O que nunca me foi permitido.
O PRETENDENTE, *emocionado, abraça forte* JOANA, *e a beija mais apaixonado do que nunca.* JOANA *corresponde ao beijo do* PRETENDENTE *e acaricia suavemente os seus cabelos. Os dois se entregam ao idílio.*
O PRETENDENTE, *porém, se desvencilha de* JOANA.
Há anos espero por esse beijo. Pena que seja tarde demais. O tempo passou, Joana, e você nunca quis me olhar. Preferiu sempre olhar para si, pro teu umbigo, para as tuas idéias. Teu olhar parecia mais um espelho que só refletia o teu mundo, as tuas entranhas. E por mais que pro-

curasse nesse mundo, nunca consegui me encontrar, muito menos os nossos filhos, que jamais irão nascer. Pra você, a única coisa que interessava era se trancar nesse maldito gabinete, como se ele pudesse te proteger da vida suja e imprevisível. Mas não se preocupe, Joana, nada disso importa agora. É passado. A partir desse momento, serei o autor de sua história, o único capaz de escrevê-la. Mas fique tranqüila. Te amo muito. Farei tudo por você. Tudo.
O PRETENDENTE *beija mais uma vez* JOANA, *a qual desta vez não reage. O beijo agora é bem mais curto.*
Engraçado. Sempre pensei que me emocionaria mais ao te beijar. Mas, na verdade, não senti muita coisa. Foi só uma boca. Nada a mais, nada a menos. Por isso, Joana, esqueça tudo. Não existe, nem nunca existiu, uma missão divina a cumprir. Você não é a escolhida. Nunca foi. É igual a qualquer uma, e irá morrer como qualquer outra. Você é comum! É assim que as coisas são. Você escolheu esse caminho. Apenas a segui. Adeus, Joana. E que Deus a proteja.
O PRETENDENTE, *metodicamente, desliga o gravador.*
Ele então joga um líquido inflamável no corpo de JOANA.
O PRETENDENTE *respira fundo e acende um fósforo.*
ELA *liga o projetor, o qual projeta sobre* JOANA *imagens de um brilho intenso de uma fogueira em seu esplendor.*
JOANA, *em meio à fogueira, levanta os braços e sorri, extasiada.*

COLEÇÃO ESTUDOS
(Últimos Lançamentos)

183. *Presenças do Outro*, Eric Landowski
184. *O Papel do Corpo no Corpo do Ator*, Sônia Machado Azevedo
185. *O Teatro em Progresso*, Décio de Almeida Prado
186. *Édipo em Tebas*, Bernard Knox
187. *Arquitetura e Judaísmo: Mendelsohn*, Bruno Zevi
188. *Uma Arquitetura da Indiferença*, Annie Dymetman
189. *A Casa de Adão no Paraíso*, Joseph Rykwert
190. *Pós-Brasília: Rumos da Arquitetura Brasileira*, Maria Alice Junqueira Bastos
191. *Entre Passos e Rastros*, Berta Waldman
192. *Depois do Espetáculo*, Sábato Magaldi
193. *Franz Kafka: Um Judaísmo na Ponte do Impossível*, Enrique Mandelbaum
194. *Em Busca da Brasilidade*, Claudia Braga
195. *O Fragmento e a Síntese*, Jorge Anthonio e Silva
196. *A Análise dos Espetáculos*, Patrice Pavis
197. *Preconceito Racial em Portugal e Brasil Colônia*, Maria Luiza Tucci Carneiro
198. *Nas Sendas do Judaísmo*, Walter I. Rehfeld
199. *O Terceiro Olho*, Francisco Elinaldo Teixeira
200. *Maimônides, O Mestre*, Rabino Samy Pinto
201. *A Síntese Histórica e a Escola dos Anais*, Aaron Guriêvitch
202. *Cabala e Contra-História*, David Biale
203. *A Sombra de Ulisses*, Piero Boitani
204. *Samuel Beckett: Escritor Plural*, Célia Berrettini
205. *Nietzsche e a Justiça*, Eduardo Rezende Melo
206. *O Canto dos Afetos: Um Dizer Humanista*, Ibaney Chasin
207. *As Máscaras Mutáveis do Buda Dourado*, Mark Olsen
208. *O Legado de Violações dos Direitos Humanos no Cone Sul*, Luis Roniger e Mario Sznajder
209. *Tolerância Zero e Democracia no Brasil*, Benoni Belli
210. *Ética contra Estética*, Amelia Valcárcel
211. *Crítica da Razão Teatral*, Alessandra Vanucci (org.)
212. *Os Direitos Humanos na Pós-Modernidade*, José Augusto Lindgren Alves
213. *Caos/Dramaturgia*, Rubens Rewald